BestMasters

Mit „BestMasters" zeichnet Springer die besten Masterarbeiten aus, die an renommierten Hochschulen in Deutschland, Österreich und der Schweiz entstanden sind. Die mit Höchstnote ausgezeichneten Arbeiten wurden durch Gutachter zur Veröffentlichung empfohlen und behandeln aktuelle Themen aus unterschiedlichen Fachgebieten der Naturwissenschaften, Psychologie, Technik und Wirtschaftswissenschaften. Die Reihe wendet sich an Praktiker und Wissenschaftler gleichermaßen und soll insbesondere auch Nachwuchswissenschaftlern Orientierung geben.

Springer awards "BestMasters" to the best master's theses which have been completed at renowned Universities in Germany, Austria, and Switzerland. The studies received highest marks and were recommended for publication by supervisors. They address current issues from various fields of research in natural sciences, psychology, technology, and economics. The series addresses practitioners as well as scientists and, in particular, offers guidance for early stage researchers.

Ulrica Hochstätter

Die Fragen der Opfer im Strafprozess

Bedürfnisse und Erwartungen im Kontext der strafverfahrensrechtlichen Bewältigung

 Springer VS

Ulrica Hochstätter
Luzern, Schweiz

ISSN 2625-3577   ISSN 2625-3615   (electronic)
BestMasters
ISBN 978-3-658-40529-8   ISBN 978-3-658-40530-4   (eBook)
https://doi.org/10.1007/978-3-658-40530-4

Die Deutsche Nationalbibliothek verzeichnet diese Publikation in der Deutschen Nationalbibliografie; detaillierte bibliografische Daten sind im Internet über http://dnb.d-nb.de abrufbar.

Planung/Lektorat: Stefanie Probst
Springer VS ist ein Imprint der eingetragenen Gesellschaft Springer Fachmedien Wiesbaden GmbH und ist ein Teil von Springer Nature.
Die Anschrift der Gesellschaft ist: Abraham-Lincoln-Str. 46, 65189 Wiesbaden, Germany

Geleitwort

Dieses Buch von Ulrica Hochstätter gibt die Antwort auf die im Titel aufgeworfene Fragestellung: Ja, der Strafprozess hat Antworten auf die Fragen der Opfer, allerdings nur, wenn die Gerichte und die Staatsanwaltschaft die im Buch beschriebenen gesetzlichen Möglichkeiten ausschöpfen und die Opfer einer Straftat nicht lediglich als Objekt, sondern als Subjekt des Strafverfahrens anerkennen. Glücklicherweise hat in den letzten Jahren bei der Einstellung zu der Rolle der Opfer im Strafverfahren ein Umdenken bei vielen Richtern und Staatsanwälten stattgefunden. Immer noch finden sich aber auch kritische Stimmen, die Opfer, sei es als Nebenkläger, als Adhäsionskläger oder begleitet durch einen Zeugenbeistand, als lästiges Hindernis auf dem Weg zu einer schnellen Erledigung eines Verfahrens ansehen. Dabei ist es gerade in Zeiten wie diesen, mit einem festzustellenden Misstrauen weiter Teile der Bevölkerung vor staatlichen Institutionen und einer Gefahr der Stärkung extremer politischer Lager, außerordentlich wichtig, dass der Rechtsstaat den von Ulrica Hochstätter anschaulich und umfassend beschriebenen Bedürfnissen von Opfern, beteiligt, gehört, respektvoll behandelt, verständlich informiert und anerkannt zu werden, umfassend gerecht wird. Nur dann können Strafverfahren, die im besonderen Fokus des öffentlichen Interesses stehen, von Opfern im Besonderen und von der Gesellschaft im Allgemeinen als fair auf dem Weg zur Entscheidungsfindung akzeptiert werden.

Ursula Mertens
Vorsitzende Richterin
Oberlandesgericht Naumburg

Inhaltsverzeichnis

1 **Einleitung** 1
  1.1 Ausgangslage und Zielsetzung der Untersuchung 1
  1.2 Gang der Untersuchung und Themenbegrenzung 3

2 **Das Opfer: Begriff, Viktimisierungsfolgen und -bewältigung** 5
  2.1 Gegenstand der Opferforschung und Opferbegriff 5
  2.2 Die soziale Konstruktion des Opferseins 7
  2.3 Stufen der Viktimisierung 9
  2.4 Theorie des Opferwerdens: „erlernte Hilflosigkeit" 11
  2.5 Viktimisierungserleben und dessen Bewältigung 13
    2.5.1 Allgemeine Opferbedürfnisse in Bezug auf das
       Strafverfahren 15
    2.5.2 Die Fragen: Warum, warum ich oder die Suche
       nach der Wahrheit? 16

3 **Verfahrensgerechtigkeit (Procedural Justice): Theorien und
Modelle** 19
  3.1 Theorien der Verfahrensgerechtigkeit 19
  3.2 Interpersonal Justice und Informational Justice 25
  3.3 Therapeutic Justice 27
  3.4 Victim-Impact-Statement (VIS) 28

4 **Ziele des Strafverfahrens und strafprozessualer Opferschutz** 33
  4.1 Allgemeine Ziele des Strafverfahrens 33
  4.2 Begründung des prozessualen Opferschutzes 35
    4.2.1 Verfassungsrechtliche Aspekte 35
    4.2.2 Strafrechtstheoretische Aspekte 37

    4.2.3   Sachliche Begründung des Opferschutzes 38
    4.2.4   Kritik 39
  4.3   Entwicklung der Opferschutzvorschriften: StPO und
       europäische Ebene 41
  4.4   Strafprozessuale Opferrechte 47

5 Terroristische Anschläge 51
  5.1   Terroristische Taten 51
  5.2   Die Opfer von Terrorismus 53
  5.3   Die Herausforderungen am Tatort 55
  5.4   Formen und Wirkungen der unterschiedlichen
       Interessenlagen 57
    5.4.1   Politischer Kontext 57
    5.4.2   Mediale Wirkungen und Erwartungen 60
    5.4.3   Gesellschaftliche Wirkungen 62
    5.4.4   Individuelle Folgen 64
  5.5   Bedürfnisse der Betroffenen und Interventionsstrategien 68
  5.6   Erwartungen an das Strafjustizsystem 70

**6 Passung von Opfererwartungen mit strafprozessualen
    Schutzvorschriften** 73
  6.1   Ausgangslage 73
  6.2   Verletzte i. S. § 373b StPO 74
  6.3   Anschlagsopfer: vulnerable Opfer im Sinne von § 48a
       Abs. 1 StPO? 76
  6.4   Allgemeine Rechte 79
    6.4.1   Schutzmaßnahmen nach § 48a Abs. 1 S. 2 StPO 79
    6.4.2   Ausgewählte Informations- und Partizipationsrechte 81
    6.4.3   Von § 406 d StPO zu *MyVictim Case?* 84
    6.4.4   Psychosoziale Prozessbegleitung 86
    6.4.5   Akteneinsicht 87
    6.4.6   Nebenklage 89
  6.5   Äußerungsrechte zu den Tatfolgen – Victim Impact
       Statement? 92
  6.6   Zwischenergebnis 94
  6.7   Rechtsstaatliche Grenzen 95
  6.8   Das Modell der Opferstaatsanwältinnen/Opferstaatsanwälte 97

7 Fazit und Ausblick 103

Literaturverzeichnis 107

Abkürzungsverzeichnis

AK-StPO	Alternativkommentare zur Strafprozessordnung
BeckOK StPO	Beck'scher Online-Kommentar
BGBl.	Bundesgesetzblatt
BGH	Bundesgerichtshof
BMJ	Bundesministerium für Justiz
BR-Drs.	Bundesratsdrucksache
bspw.	beispielsweise
BT-Drs.	Bundestagsdrucksache
BVerfG	Bundesverfassungsgericht
EGMR	Europäischer Gerichtshof für Menschenrechte
EMRK	Europäische Menschenrechtskonvention
et al.	lat.: und andere
EU	Europäische Union
GBA	Generalbundesanwalt
GewSchG	Gewaltschutzgesetz
GG	Grundgesetz für die Bundesrepublik Deutschland
GVG	Gerichtsverfassungsgesetz
HK	Heidelberger Kommentar
Hrsg.	Herausgeber
INA	Innenausschuss
JZ	Juristenzeitung
KK-StPO	Karlsruher Kommentar zur Strafprozessordnung
KOM	Kommissionsdokument
m. w. N.	mit weiteren Nachweisen
MüKoStPO	Münchner Kommentar zur Strafprozessordnung
NJW	Neue Juristische Wochenschrift

NStZ	Neue Zeitschrift für Strafrecht
OEG	Opferentschädigungsgesetz
OpferRRG	Opferrechtsreformgesetz
PKS	Polizeiliche Kriminalstatistik
PsychPbG	Gesetz über die psychosoziale Prozessbegleitung im Strafverfahren
PTBS	Posttraumatische Belastungsstörung
SGB	Sozialgesetzbuch
StGB	Strafgesetzbuch, Strafgesetzbuch
STORMG	Gesetz zur Stärkung der Rechte von Opfern sexuellen Missbrauchs
StPO	Strafprozessordnung
vgl.	vergleiche
VIS	Victim Impact Statement

Einleitung 1

1.1 Ausgangslage und Zielsetzung der Untersuchung

„Das Entsetzen über die Taten, die ausweglose Trauer der Angehörigen über ihre ermordeten Kinder, die Ängste der Bevölkerung, die Gefährlichkeit der Täter, deren eigene Hilflosigkeit gegenüber ihrer Krankheit ...[ ] das Rachegefühl und das Bedürfnis nach Genugtuung, die gleichzeitig beruhigende, aber das grauenhafte Geschehen auch neutralisierende Macht des strafenden Staates, das Leiden der Opfer, das nach öffentlicher Aufmerksamkeit verlangt und gleichzeitig für zwielichtige Interessen ausgebeutet wird [ ].“[1]

Mit diesen Worten resümiert Günther die gegenwärtige Diskussion um das Verbrechensopfer. Dabei bezieht er sich auf Fritz Langs berühmten Kinofilm aus dem Jahre 1931 *„M – eine Stadt sucht einen Mörder“*. Im Hinblick auf die wachsenden Herausforderungen der Gegenwart durch Anschlagsgeschehen[2] scheinen diese vielfältigen, sich überlagernden und emotional besetzten Kernaspekte ihre Aktualität nicht verloren zu haben. Mit der vorliegenden Arbeit sollen die Bedürfnisse der Opfer von terroristischen Anschlägen und deren Erwartungen, die aus der Tat resultieren und sich an das Strafjustizsystem richten, untersucht und daraus Erkenntnisse zu Bewältigungsstrategien und der Vermeidung weiterer Viktimisierungen im Kontext des Strafverfahrens gewonnen werden.

---

[1] Günther, 2013, S. 186.

[2] Zahlen terroristischer Anschläge im Jahr 2020 vgl. Europäisches Parlament, vgl. https://www.europarl.europa.eu/news/de/headlines/society/20210628STO07262/terrorismus-in-der-eu-anschlage-todesopfer-und-festnahmen-im-jahr-2020, (24.03.2022).

© Der/die Autor(en) 2023   1
U. Hochstätter, *Die Fragen der Opfer im Strafprozess*, BestMasters,
https://doi.org/10.1007/978-3-658-40530-4_1

Die Analyse der Opfer und der Fokus auf deren Belange sind seit Mitte des vergangenen Jahrhunderts Gegenstand von Forschung und wissenschaftlichen Diskursen.[3] Beeinflusst von Befunden aus der Dunkelfeldforschung hat sich die Viktimologie[4] zwischenzeitlich als eigenständiger Teilbereich der Kriminologie etabliert.[5] Doch auch auf kriminalpolitischer Ebene blieb das Opfer nicht unbemerkt, sondern erfuhr *„ein bemerkenswertes Comeback auf der Bühne der Strafjustizpolitik"*[6]. Aus dem ‚vergessenen' Objekt des Verfahrens sollte ein mit eigenen Rechten versehenes Prozesssubjekt werden.[7]

Dementsprechend findet seit Mitte der 1980er Jahre eine fortwährende gesetzliche Stärkung des Opferschutzes im Strafrecht statt, während der deutsche Gesetzgeber eine Kaskade von Opferschutzgesetzen verabschiedet hat.[8] Die Opferschutzgesetzgebung basiert auf den Risiken erneuter Viktimisierungen innerhalb und außerhalb des Strafverfahrens.[9] Kritik erfährt diese Gesetzgebung vor dem Hintergrund einer Einschränkung der Verteidigungsrechte des Täters/der Täterin. Mit der Zunahme von Opferrechten und dem damit einhergehenden verbesserten Opferschutz wird ein Rückgang der Rechte einer beschuldigten Person verbunden.[10,11]

Die deutsche Gesetzgebung wird darüber hinaus durch Rechtssetzungsakte der Europäischen Union beeinflusst, wie durch die *Opferschutzrichtlinie* und die *Terrorismusrichtlinie*,[12] die explizit Opfer terroristischer Anschläge und deren Vulnerabilität erwähnt. In Bezug auf vulnerable Opfer wird ein spezifisches Bedürfnis nach angemessener Behandlung und Aufmerksamkeit beschrieben, um deren Fähigkeit zur Bewältigung der Straftat zu erhalten. Die Bewältigungsfähigkeit kann durch das Strafjustizsystem beeinflusst sein.[13] Im Strafjustizsystem hat

---

[3] Überblick zu Opferbefragungen: vgl. Kanz, 2017, S. 237 ff.

[4] Der Kriminologe Garland konstatiert kritisch eine „neue kollektive Bedeutung des Opferstatus"; vgl. Garland, 2016, S. 361.

[5] Vgl. Kunz/Singelnstein, 2016, S. 247.

[6] Garland, 2016, S. 361.

[7] Vgl. Kilchling, 2010, S. 43.

[8] Schwind, 2016, S. 461 ff.

[9] Vgl. Kilchling, 2018, S. 7.

[10] Vgl. Kunz/Singelnstein, 2016, S. 247; Garland, 2016, S. 361.

[11] Diese Arbeit befasst sich mit der Opfersicht, sodass eine umfassende Auseinandersetzung mit dieser Kritik unterbleiben muss.

[12] Siehe Abschnitt 4.3.

[13] Vgl. Laxminarayan, 2013, S. 145.

ein Opferzeuge/eine Opferzeugin[14] eine prozessuale Doppelstellung – zum einen im Rahmen des personalen Beweises, zum anderen als ein mit einer Vielzahl von Rechten versehenes Prozesssubjekt.[15] Dabei trifft die Opfer in der Rolle als Zeugen/Zeuginnen eine Mitwirkungspflicht am Verfahren: Sie müssen vor Gericht erscheinen und die Fragen der Prozessbeteiligten wahrheitsgemäß beantworten. Doch sie selbst haben ebenfalls *Fragen* an den Strafprozess: Diese können als Bedürfnisse, Wünsche und Erwartungen verstanden werden. Gilt die Berücksichtigung von Opferinteressen im Strafprozess als wesentlicher Part von effektiver Bewältigung, sollten diese Interessen mit den strafprozessualen Opferrechten im Einklang stehen. Vor diesem Hintergrund hat die vorliegende Arbeit die Beantwortung der Frage zum Ziel, inwieweit strafprozessuale Opferschutzregelungen den Bedürfnissen und Erwartungen von Anschlagsopfern entsprechen und somit zu einer Bewältigung der Opfererfahrung beitragen können.

1.2 Gang der Untersuchung und Themenbegrenzung

Neben dieser Einleitung wurde die Untersuchung in sechs weitere Teile gegliedert. Der zweite Teil erläutert den Begriff und die soziale Konstruktion des Opferseins, benennt die Viktimisierungsstufen, schildert das Viktimisierungserleben und erörtert allgemeine Erwartungen an den Strafprozess. In Kapitel 3 werden die Grundlagen der Verfahrensgerechtigkeitsforschung vorgestellt, wobei daran anknüpfend anhand von Einzelkonzepten die Bezüge zum Strafjustizsystem hergestellt werden. Abschließend erfolgt die Vorstellung des in mehreren Rechtssystemen angewandten Modells des „*Victim Impact Statement (VIS)*". Das vierte Kapitel setzt sich mit den Zielen des Strafverfahrens und den Begründungen des strafprozessualen Opferschutzes auseinander, bevor die Entwicklung der Opferschutzvorschriften in der Strafprozessordnung und auf europäischer Ebene skizziert und eine Kategorisierung der strafprozessualen Opferschutzrechte vorgenommen wird. Im fünften Kapitel wird der Begriff des Terrorismus definiert und deskriptiv die Phänomenologie dieser Taten unter Darstellung der politischen, gesellschaftlichen, medialen, psychotraumatologischen und individuellen Verknüpfungen untersucht. Sodann gilt es, die viktimologischen Bedürfnisse und

---

[14] *Außerhalb der juristischen Normtexte wurden in dieser Arbeit Personenbezeichnungen gegendert. Innerhalb oder kontextual zu juristischen Normtexten wurde das generische Maskulinum belassen, da für die Anwendung der Vorschrift nur die juristische Rolle relevant ist*; vgl. https://leges.weblaw.ch/legesissues/2018/1/-gendern--in-gesetze_5c0e8cf2ac.html (17.03.2022).

[15] Vgl. Barton, 2012, S. 125.

Herausforderungen daraus abzuleiten. In Kapitel 6 wird der Frage nachgegangen, inwieweit die festgestellten Bedürfnisse eine Entsprechung zu den strafprozessualen Opferrechten aufweisen. Nachfolgend werden mögliche Schutzlücken und rechtsstaatliche Grenzen beleuchtet, wobei daran anknüpfend das Modell *„Arbeitsgruppe Opferstaatsanwältinnen/Opferstaatsanwälte"* analysiert und weiterentwickelt wird. Die Arbeit schließt im siebten Kapitel mit einem Fazit zu den gewonnenen Erkenntnissen und mit einem Ausblick.

Umfassend erforscht sind Traumafolgestörungen nach einem Anschlag; diese Forschung ist dem klinischen Fachbereich zuzuordnen. Hinreichende empirische Befunde und theoretische Modelle zur Frage der psychosozialen Folgen eines Anschlags und den daraus resultierenden Bedürfnissen fehlen bisher.[16] Folglich existieren kaum Erkenntnisse zu den Auswirkungen auf den Verarbeitungsprozess der Opfer im Kontext des Strafverfahrens. Diese Arbeit zieht daher interdisziplinär und rechtsvergleichend internationale Forschung heran und orientiert sich zudem an Forschung zu Hinterbliebenen von Mordopfern. Es konnten Beiträge aus Literatur, Rechtsprechung und Gesetzgebung, die bis Februar 2022 veröffentlicht bzw. beschlossen wurden, berücksichtigt werden. Angesichts des Umfangs dieser Untersuchung wurden die Beiträge nach Relevanz selektiert; gleiches erfolgte aufgrund der Vielzahl der strafprozessualen Opferrechte auf die für Anschlagsopfer bedeutsamsten Rechte.

---

[16] Vgl. Treibel, 2018, S. 453.

Das Opfer: Begriff, Viktimisierungsfolgen und -bewältigung

2

2.1   Gegenstand der Opferforschung und Opferbegriff

Die Viktimologie (abgeleitet von lat. victima = Opfer) ist die Lehre vom Verbrechensopfer: Sie beschäftigt sich mit dem Opfer-Werden und dem Opfer-Sein. Diese Lehre ist ein Teilgebiet der Kriminologie und eine interdisziplinäre Wissenschaft, deren zentrale Fächer die Rechtswissenschaft, die Soziologie, die Psychologie und die Psychotraumatologie darstellen.[1] Die systematische wissenschaftliche Beschäftigung mit dem Opfer begann etwa Mitte des vergangenen Jahrhunderts vor dem Hintergrund des nationalsozialistischen Völkermords, dem Holocaust.[2] Die sozialwissenschaftliche kriminologische und viktimologische Forschung entstammt traditionell dem englischsprachigen Raum und prägt zudem die hiesige Forschung.[3] Seit dem Aufkommen der Viktimologie wird Kriminalität aus differenten Blickrichtungen, im *„Dreiklang von Tat, Täter und Opfer"*, erforscht.[4] Inhaltlich setzt sich die Viktimologie mit den Erscheinungsformen, Ursachen und Folgen von Opferwerdungsprozessen auseinander und thematisiert Fragen der Intervention und Prävention.[5]

Der Opferbegriff ist semantisch vielfältig. Er kann negativ konnotiert sein, indem einer Person passiv Unrecht oder Leid geschieht, oder an aktiver Bedeutung gewinnen, indem sich eine Person für eine andere Person oder eine Sache aufopfert.[6] In der Jugendsprache wird der Begriff Opfer abwertend benutzt und

---

[1] Vgl. Treibel, 2018, S. 441 f.
[2] Vgl. Kury, 2010, S. 53.
[3] Vgl. Görgen, 2012, S. 91.
[4] Vgl. Amelunxen, 1970, zitiert nach Kury, 2010, S. 57.
[5] Vgl. Treibel, 2018, S. 441.
[6] Vgl. Sautner, 2014, S. 14.

© Der/die Autor(en) 2023
U. Hochstätter, *Die Fragen der Opfer im Strafprozess*, BestMasters,
https://doi.org/10.1007/978-3-658-40530-4_2

kann mit Schwäche, Passivität und Hilflosigkeit assoziiert sein.[7] Der in der Viktimologie vorherrschende Opferbegriff bezieht sich auf Verbrechensopfer und ist somit strafrechtsakzessorisch. Wer Opfer ist, bestimmt sich folglich danach, was strafbar ist und unterliegt – analog zu dem strafbar angesehenen Unrecht – einem normativen Konstrukt.[8]

Im deutschen Strafrecht findet sich der Begriff des Opfers lediglich an wenigen Stellen, so in § 154c StPO oder im Kontext des Täter-Opfer-Ausgleichs nach § 46a StGB. Innerhalb des deutschen Straf- und Strafprozessrechts kommt ansonsten der Begriff des Verletzten zum Einsatz. In den europäischen Rechtsbestimmungen[9] findet der Begriff des *Opfers* Anwendung. Im Bereich der finanziellen Entschädigung wird im SGB XIV von *Geschädigten* oder vom *Opfer einer Gewalttat* gesprochen. In den Polizeigesetzen der Länder ist teilweise ebenfalls vom *Opfer* die Rede.[10]

Die vorliegende Arbeit legt den strafprozessualen Begriff des Verletzten nach § 373b StPO zugrunde. Dabei werden die Begriffe Verletzte, Betroffene und Opfer zwecks Lesbarkeit synonym genutzt. Nach § 373b Abs. 1 StPO bezeichnet der Begriff des Verletzten diejenigen Personen, die *„durch die Tat, ihre Begehung unterstellt oder rechtskräftig festgestellt, in ihren Rechtsgütern unmittelbar beeinträchtigt worden sind oder unmittelbar einen Schaden erlitten haben"*. Voraussetzung ist die unmittelbare Rechtsgutverletzung, die Schädigung muss somit eine direkte Folge der Tat sein.[11] Nach § 373b Abs. 2 StPO werden den Verletzten folgende Personen gleichgestellt: Ehegatten, Lebenspartner, innerhalb eines gemeinsamen Haushalts lebende Lebensgefährten, Verwandte in gerader Linie sowie Geschwister und die Unterhaltsberechtigten der Personen, deren Tod eine kausale und direkte Konsequenz der Tat bildet. Da die Opferschutzrechte möglichst frühzeitig zur Anwendung kommen sollen und die Tat zu diesem Zeitpunkt noch nicht rechtskräftig festgestellt ist, folglich ein Verstoß gegen die Unschuldsvermutung vorliegen könnte, hat der Gesetzgeber den Einschub *„ihre Begehung unterstellt"* hinzugefügt.[12] In der Vorschrift ist die Besonderheit des indirekten Opferbegriffs[13] durch die Integration des Verletztenstatus von Hinterbliebenen in der Norm erfasst.

---

[7] Vgl. Neubacher, 2020, S. 133.

[8] Vgl. Sautner, 2014, S. 15.

[9] Zu den EU-Richtlinien: siehe Kapitel 4.

[10] BeckOK StPO/Weiner, 42. Ed. 1.1.2022. StPO § 373b Rn. 7.

[11] BeckOK StPO/Weiner, 42. Ed. 1.1.2022, StPO § 373b Rn. 12, 13.

[12] BeckOK StPO/Weiner, 42. Ed. 1.1.2022, StPO § 373b Rn. 17; BT-Drs. 19/27654, S. 100.

[13] Vgl. Davies et al., 2017, S. 39 f.; Siehe Abschnitt 2.3.

2.2   Die soziale Konstruktion des Opferseins

Die rechtliche Definition ermöglicht eine objektive Feststellung des Verletzten-status. Das Opfer-Sein hängt darüber hinaus von der subjektiven Wertung der betroffenen Person, dem sozialen Umfeld und der Gesellschaft ab und ist von komplexen Identifikations-, Zuschreibungs- und Anerkennungsprozessen geprägt. Von diesen Abläufen ist die Zuordnung des Menschen in eine *Opferhierarchie* abhängig, mithin ob er oder sie Mitgefühl verdient und als würdig gilt, durch die Gesellschaft unterstützt zu werden.[14] Vor diesem Hintergrund hat Strobl[15] vier Kategorien gebildet: Beim *actual victim* (tatsächliches Opfer) sehen sowohl das Opfer als auch die Gesellschaft die Opfereigenschaft als gegeben an. Eine Übereinstimmung in der – in diesem Fall ablehnenden – Bewertung trifft auch beim *non-victim* (Nichtopfer) zu. Selbstidentifikation und soziale Zuschreibung weichen beim *designated victim* (designiertes Opfer) und beim *rejected victim* (zurückgewiesenes Opfer) voneinander ab. Ein *designated victim* lehnt den Opfer-status für sich ab, während ein *rejected victim* das Opfer-Sein für sich reklamiert, jedoch keine soziale Anerkennung des Opferstatus erfährt. Die Ablehnung durch die Gesellschaft kann mit persönlichen Charakterzügen oder den Umständen des Viktimisierungsereignisses zusammenhängen. Spielt sich die Straftat in einem kri-minellen Milieu ab oder wird eine Person durch eine Notwehrhandlung verletzt, ist demnach nicht mit der gesellschaftlichen Anerkennung der Opfereigenschaft zu rechnen.[16] Der Wunsch eines *designated victim,* nicht als Opfer etikettiert zu werden und nicht die mit dem Opferstatus gesellschaftlich erwarteten Verhaltens-weisen wie Passivität, Leiden und Schwäche zu zeigen, birgt jedoch die Gefahr, keine Hilfe in Anspruch zu nehmen, diese verspätet zu suchen, durch Institutionen und soziales Umfeld keine Unterstützung zu erhalten oder sogar ausgegrenzt zu werden.[17] Dieses Verhalten kann das Zurückfinden in die Normalität erschweren.

Ähnliche Ansätze finden sich bei Christie[18], der bereits 1986 in seinem Modell eines *idealen Opfers* fünf Attribute benennt, die den gesellschaftlichen Zuschrei-bungsprozess fördern: 1. Das Opfer ist schwach (*weak*). 2. Das Opfer geht bei Opferwerdung einer seriösen Tätigkeit nach (*carrying-out a respectable-project*). 3. Das Opfer hat sich nicht an einem zweifelhaften Ort aufgehalten (*not-to-be-blamed*). 4. Der Täter/die Täterin ist übermächtig und schlecht (*big-bad-offender*).

---

[14] Vgl. McGarry/Walklate, 2015, S. 17.

[15] Vgl. Strobl, 2004, S. 295 f.

[16] Vgl. Strobl, 2004, S. 296.

[17] Vgl. Fohring, 2018, S. 162.

[18] Vgl. Christie, 1986, S. 18.

5. Der Täter/die Täterin ist ein Fremder/eine Fremde und hat kein persönliches Verhältnis zum Opfer (*who-is-unknown*).[19]

Nach Christie muss ein Mensch zunächst den Opferstatus für sich selbst reklamieren und dann die Gesellschaft überzeugen, diesen Status durch Anerkennung zu legitimieren. Diese Anerkennung beinhaltet die mit dem Status verbundenen Vorteile und kann dazu beitragen, das individuelle Leid zu mindern – bspw. durch finanzielle Wiedergutmachung oder Zugang zu Traumaambulanzen.[20] Liegen die o. g. Kriterien vollständig oder zum Teil nicht vor, wird der Opferstatus potenziell gesellschaftlich verweigert, während Anteile der Verantwortung eines Täters/einer Täterin an der Straftat partiell dem Opfer zugeschrieben werden. Die Zuweisung von Mitschuld auf das Opfer (*blaming-the-victim*) kann zu weiteren Viktimisierungen führen.[21]

Es ist zudem möglich, dass die Anerkennungsprozesse als Opfer geschlechtsspezifisch sind. Eine tendenziell geschlechtsstereotype Wahrnehmung von Frauen als Opfer und Männern als Täter birgt das Risiko, dass Männer als Opfer und Frauen als Täterinnen potenziell nicht als solche gesehen werden. Treibel bezeichnet diese Form der Viktimisierung als „*feminisierenden Vorgang*"[22].

Die Zuschreibungsprozesse haben zudem ambivalenten Charakter. Auf der individuellen Ebene erhält ein Opfer die benötigte Unterstützung, kann aber auch der Abwertung als ‚Opfer' ausgesetzt sein. Auf der gesellschaftlichen Ebene stellt Görgen[23] einen z. T. pejorativen Gebrauch der Termini fest, z. B. *victimology industry* oder *abuse excuse* in den USA. Auch Steller macht auf individuelle und gesellschaftliche Ambivalenzen des Opfer-Seins aufmerksam und spricht sich „*wider eine Viktimophilie*"[24] aus. Als Beispiel für „*Kollateralschäden des Opferschutzes*"[25] formuliert er die unreflektierte Übernahme des Opferstatus einer Person durch die Gesellschaft, während die betroffene Person eine Stellung als Traumaopfer anstrebt, um sich der Verantwortung für biografisches und

---

[19] Christie bildet ein Fallbeispiel mit einer alten Dame, die ihre kranke Schwester betreut und auf dem Rückweg niedergeschlagen und beraubt wird; der Täter kauft Alkohol und Drogen mit dem erbeuteten Geld; vgl. Christie, 1986, S. 18.

[20] Vgl. van Wijk, 2013, S. 2 und 13.

[21] Vgl. Greve, 2008, S. 194.

[22] Treibel, 2018, S. 446.

[23] Vgl. Görgen, 2012, S. 18.

[24] Steller, 2015, S. 282.

[25] Steller, 2015, S. 282.

persönliches Versagen zu entziehen. Dieses Verhalten verhindert potenziell die Aktivierung eigener Ressourcen oder die Annahme adäquater Hilfe.[26]

2.3 Stufen der Viktimisierung

Die Literatur unterteilt mögliche negative Folgewirkungen in Kategorien: Als Konsequenz der Viktimisierung durch die Straftat selbst (primäre Viktimisierung) kann es durch unangemessene Reaktionen des persönlichen Umfelds oder formaler Institutionen zu einer weiteren psychischen Verletzung des Opfers kommen (sekundäre Viktimisierung). Ein weiterer Folgeeffekt (tertiäre Viktimisierung) kann hervorgerufen werden, wenn Ausgangsereignis und die nachfolgende gesellschaftliche Reaktion in einer Weise auf das Opfer einwirken, die dazu führt, dass die Opferrolle in das eigene Persönlichkeitsbild integriert wird. Zudem nimmt die Forschungsgemeinschaft ein erhöhtes Risiko für eine wiederholte Opferwerdung an.[27] Erklärt wird dies u. a. durch das Modell der erlernten Hilflosigkeit.[28] Danach prägt sich die Erfahrung, dem Verhalten dritter Personen ausgesetzt zu sein oder an Geschehnissen nichts ändern zu können, in die Persönlichkeit ein. Im Verhalten kann sich die Veränderung der Persönlichkeit bspw. durch defensives Reagieren oder das Aussenden von Schwächesignalen äußern, was über diese erworbene Prädisposition eine erneute Opferwerdung (Re-Viktimisierung) begünstigen kann.[29] Desweiteren findet sich in der Literatur vereinzelt der Begriff der quartären Viktimisierung. Hier sollen Schädigungen erfasst werden, die durch bewusstes oder gezieltes Negieren der Opfereigenschaft entstehen.[30] Diese Form der Viktimisierung gilt zumeist als strukturell bedingt und wirkt über den sozialen Kontext auf das Opfer zurück. Vorstellbar sind eine andauernde Medienberichterstattung[31] oder eine Verächtlichmachung durch gesellschaftliche Gruppen.[32] Diskussionswürdig und hinsichtlich der Folgen zu erforschen, wäre die Frage, ob Opfer terroristischer Anschläge durch Medienberichterstattung, bei Gedenk- und Jahrestagen des Anschlags oder als Mitglieder einer Minderheitengruppe von

---

[26] Vgl. Steller, 2015, S. 282: Er bezieht sich dabei auf ein Kapitel in einem Buch von Stoffels: „Erinnerung und Pseudoerinnerung. Über die Sehnsucht, Traumaopfer zu sein".

[27] Vgl. Eisenberg/Kölbel, 2017, S. 1103.

[28] Vgl. Seligman et al., 2016, S. 36 f.

[29] Vgl. Eisenberg/Kölbel, 2017, S. 1103; Pemberton/Vanfraechem, 2015, S. 18.

[30] Vgl. Sautner, 2010, S. 27; Haas, 2014, S. 250.

[31] Vgl. Sautner, 2014, S. 19.

[32] Vgl. Haas, 2014, S. 250.

dieser Form der Viktimisierung betroffen sein könnten. Sämtliche der erneuten Viktimisierungen sind dabei imstande, psychische Belastungen zu vertiefen und Erholungsprozesse zu verzögern.

Die Definitionen der Viktimisierungsstufen sind nicht einheitlich und die Grenzen oft fließend. Drei oder vier Kategorien finden sich zumeist in deutschsprachiger Forschungsliteratur, während die anglo-amerikanische Viktimologie auf Primär- und Sekundärviktimisierung verweist. Kilchling[33] formuliert, dass es unerheblich sei, welcher Viktimisierungskategorie potenzielle negative Folgewirkungen zugeordnet werden. Dagegen lässt sich anführen, dass eine Kategorisierung eine optimalere Differenzierung in der wissenschaftlichen Forschung nach Ursachen und Ausmaß der Effekte ermöglicht.

Bezogen auf schwere Straftaten ist ferner der Begriff der *indirekten Viktimisierung* zu nennen: Dieser beschreibt die Auswirkungen einer Straftat auf die Familie und die Bezugspersonen des Opfers und ist u. a. eng mit dem Phänomen der Kriminalitätsfurcht verknüpft.[34] Ein Anschlagsgeschehen weist eine Vielzahl dieser *Co-Opfer* auf.[35] In der internationalen Literatur findet sich zudem der Begriff des *tertiären* oder *des stellvertretenden Opfers (tertiary-and-vicarious-victim)*. Dies meint jene Menschen, die als Teil der Gesellschaft, z. B. Einwohner/innen der etwaigen Stadt, von einem terroristischen Anschlag mittelbar betroffen sind und posttraumatische Folgestörungen entwickeln.[36]

Hinsichtlich der sekundären Viktimisierung ist anzuführen, dass die Diskussion über negative Effekte eines Strafverfahrens auf Opferzeugen/Opferzeuginnen kontrovers geführt wird. Die grundsätzliche Annahme von prozessinduzierten Schädigungen lässt sich empirisch nicht ausreichend stützen. Der von Kölbel und Bork[37] zusammengetragene Forschungsstand ergibt außerdem keine Hinweise auf ein „*erhebliches Realproblem*"[38]. Das Phänomen als solches ist existent und in der Literatur vornehmlich in Form von Einzelfallanalysen dargestellt: Es fehlen jedoch empirische Untersuchungen über ein potenzielles Ausmaß und die Intensität der Folgen. Auch bei vulnerablen Opfergruppen ist vielmehr mit passageren Belastungen zu rechnen; langfristige Belastungen treten eher selten ein.[39]

---

[33] Vgl. Kilchling, 2010, S. 43.

[34] Vgl. Pemberton/Vanfraechem, 2015, S. 18.

[35] Kapitel 5 geht auf die besonderen Folgen für diese Personengruppe ein.

[36] Vgl. Pemberton/Vanfraechem, 2015, S. 18.

[37] Vgl. Kölbel/Bork, 2012, S. 74.

[38] Kölbel/Bork, 2012, S. 74.

[39] Vgl. Kölbel/Bork, 2012, S. 74.

Volbert[40] merkt an, dass bei potenziell verfahrensbedingten Schädigungen zwei Belastungsbereiche zu betrachten seien – die zu intensive Beschäftigung mit der Tat und das Infragestellen der Angaben zum primären Geschehen. Dabei dürfte die Deliktspezifität ebenfalls eine Rolle spielen, da von diesen Belastungen überwiegend Opfer von Sexualdelikten berichten. Ein Strafverfahren kann indessen auch positive und entlastende Effekte hervorrufen. Die Zeugenaussage mag in der Situation vor Gericht temporär stressbehaftet sein, gleichwohl langfristig den Rückgewinn von Kontrolle und Selbstwirksamkeit ermöglichen.[41] Hier mangelt es jedoch an gegenwärtiger empirischer Forschung.

Geht eine erneute Viktimisierung auf ein nichtadäquates Verhalten des sozialen Umfelds zurück, wie die bereits erwähnte Verschiebung von Mitschuld auf das Opfer, kann diese Folge als eigene Belastungs- und Bewältigungsreaktion der Umgebung auf das Ereignis aufgrund des „Gerechte-Welt-Glaubens" gedeutet werden.[42] Der Gerechte-Welt-Glaube (*belief-in-a-just-world*) beruht auf einem Konzept von Lerner aus dem Jahr 1980. Menschen sind demnach überzeugt, dass es auf der Welt grundsätzlich gerecht zugeht.[43] Dies leitet sich aus einem Bedürfnis nach Gerechtigkeit ab und geht zurück auf den Wunsch nach Sicherheit und Kontrolle. Eine als gerecht erlebte Welt ist klar, verständlich und vorhersehbar, während eine ungerechte Welt bedrohlich und unkontrollierbar erscheint. Eigene Hilflosigkeitserfahrungen können mithilfe dieses Denkmodells kompensiert und eine kognitive Dissonanz vermieden werden, indem Opfer abgewertet oder ihnen eine Mitschuld unterstellt wird.[44]

2.4   Theorie des Opferwerdens: „erlernte Hilflosigkeit"

In Abschnitt 2.3 wurde die Rolle als Opfer durch Zuschreibungsprozesse als soziales Konstrukt, somit von einem ettikettierungstheoretischen Ansatz ausgehend, erörtert. Ferner besteht in der Forschungsgemeinschaft Konsens über einen weiteren theoretischen Ansatz, der von einem Lernprozess ausgeht und unter dem Begriff *Hilflosigkeitsforschung* Eingang in die Literatur gefunden hat.[45]

---

[40] Vgl. Volbert, 2012, S. 197 ff.

[41] Vgl. Volbert, 2012, S. 198.

[42] Vgl. Greve, 2008, S. 194.

[43] Vgl. Das Sprichwort „Guten Menschen passiert Gutes, bösen Menschen passiert Schlechtes."

[44] Vgl. Preiser, 2019.

[45] Vgl. Eisenberg/Kölbel, 2017, S. 1103.

Das Konzept der „*erlernten Hilflosigkeit*" beruht auf Studien von Seligman, Maier und Overmier aus den 1960er Jahren: Es gilt als allgemein einsetzbares Modell und beschreibt die Bildung von psychischen Fehlentwicklungen und die Bewältigungsprozesse bei kritischen Lebensereignissen. Durch weitere Forschung ist mittlerweile nachgewiesen, dass sich die in kritischen Situationen auftretenden Bewältigungsprozesse und die daraus folgenden möglichen psychischen Fehlentwicklungen ähnlich darstellen.[46] Nach Seligman ist Hilflosigkeit der „*psychologische Zustand, der häufig hervorgerufen wird, wenn Ereignisse unkontrollierbar werden*"[47]. Hat eine *willentliche Reaktion* auf ein solches Ereignis keinen Einfluss auf die Konsequenzen, kann ein Lernprozess dergestalt verlaufen, dass Konsequenzen nicht mehr als von den eigenen Reaktionen abhängig wahrgenommen werden. Die Motivation, Kontrolle über die Konsequenz zu erlangen, geht infolgedessen zurück. Als Resultat dieser unkontrollierbaren Konsequenzen entwickeln sich laut Seligman Störungen in der Wahrnehmung, im Verhalten und in den Emotionen. Er konstatiert zudem ein außerordentlich passives Verhalten angesichts traumatisierender Bedingungen. Lerne ein Mensch, dass er die traumatischen Bedingungen kontrollieren könne, ende die Furcht. Bei Annahme der Unkontrollierbarkeit ende die Furcht ebenso, weiche dann jedoch einer Depression.[48]

Dieses Modell haben Wortman und Brehm experimentell weiterentwickelt und in einem Konzept zusammengefasst, das Reaktanz und erlernte Hilflosigkeit vereint. Unter Reaktanz gilt dabei jener Zustand, der nach einer unkontrollierbaren Situation mit eingeschränkten Entscheidungsmöglichkeiten einhergeht und Widerstand in Form von Ärger, Wut und vermehrter Anstrengung zur Folge hat. Bleibt die unkontrollierbare Situation nach der Phase des Widerstands bestehen, setzt Hilflosigkeit ein. Diese kann sich in Passivität, Resignation oder Depression äußern.[49] Vor diesem Hintergrund deutet sich das Risiko einer psychischen Fehlentwicklung für Opfer an, die nach einem traumatisierenden Ereignis Hilfe bei Menschen suchen, die aus Unkenntnis oder bewusst – wie in Kapitel 5 für Opfer von Anschlägen aufgezeigt wird – dazu beitragen, Hilflosigkeitsprozesse zu fördern und damit ein *Opfer-Sein* zu manifestieren.[50]

---

[46] Vgl. Seligman et al., 2016, S. 211f; Das Konzept wurde zu Beginn hinsichtlich der Übertragbarkeit der ethisch und methodisch fragwürdigen Tierexperimente auf menschliches Verhalten kritisiert, dann jedoch fortwährend empirisch weiterentwickelt.

[47] Seligman et al., 2016, S. 8.

[48] Vgl. Seligman et al., 2016, S. 15 ff.

[49] Vgl. Seligman et al., 2016, S. 211 ff.

[50] Siehe Abschnitt 5.4.3.

2.5 Viktimisierungserleben und dessen Bewältigung

„Opfer zu werden, Opfer zu sein und diesen Zustand zu beenden, stellt einen komplexen Prozess dar, dessen Facetten nur ansatzweise erforscht sind."[51]

Eine Straftat bedeutet für die meisten Menschen ein erschütterndes und überraschendes Ereignis, auf das sie individuell und mit einer Bandbreite von Effekten reagieren. Neben körperlichen Verletzungen sind psychische Folgen möglich, die sich auf längere Sicht auch auf das Verhalten von Betroffenen auswirken können. Einige Folgen wirken kurzfristig und lösen zunächst Stresssymptome sowie Gefühle von Schock, Angst, Verwirrung und Scham aus. Bei Gewalttaten und schweren Delikten ist mit längerfristigen Folgen zu rechnen. Abhängig von den persönlichen Bewältigungsfähigkeiten und der Unterstützung durch ein soziales Umfeld erholen sich die meisten Menschen nach entsprechender Zeit. Bei anderen Menschen sind Traumafolgestörungen, wie eine akute Belastungsreaktion oder eine posttraumatische Belastungsstörung (PTBS), depressive Erkrankungen, Borderlinestörungen, Alkohol-, Drogen- und Medikamentenmissbrauch oder Delinquenz und Gewalt, die Konsequenz.[52] Bei Überlebenden eines Anschlags oder den Hinterbliebenen von Mordopfern sind wiederum starke und andauernde Emotionen wie Wut und Ärger existent.[53]

Viktimisierungen durch Straftaten haben zudem weitreichende ökonomische Folgen. Die Betroffenen erleiden finanzielle Einbußen, wenn sie längere Zeit nicht arbeitsfähig sind oder sich an Behandlungskosten und Therapien beteiligen müssen. Ferner entstehen institutionelle Kosten bei Polizei und Justiz und weitere Ausgaben im Gesundheitswesen, bei den Opferhilfseinrichtungen und den Opferentschädigungsfonds, bei Versicherungen und letztlich in der Arbeitswelt durch Produktivitätsverluste.[54]

Die Viktimisierung ist ein vorübergehendes Ereignis, die Bewältigung der Straftat dagegen kann Jahre andauern. Betroffene möchten ihre Würde und Handlungsfähigkeit wiederherstellen. Diese Bedürfnisse folgen aus dem Kontrollverlust und der Ohnmacht durch die Straftat. Zudem haben Betroffene kein höheres Strafbedürfnis als die durchschnittliche Bevölkerung, obwohl die erste Schockphase von Rachegefühlen und Aggressionen geprägt sein kann. Um die Krise zu bewältigen und in eine Normalität zurückzufinden, werden zunächst

---

[51] Treibel, 2018, S. 453.
[52] Vgl. Görgen, 2012, S. 95; Haas, 2014, S. 254 ff.
[53] Hierzu näher Kapitel 5.
[54] Vgl. Görgen, 2012, S. 95.

sämtliche Ressourcen aktiviert. In einer zweiten Phase erfolgt eine erste Anpassung an die neuen Gegebenheiten im täglichen Leben, ggf. wird eine emotionale Betroffenheit in Abrede gestellt. In einer dritten Phase, die zwischen sechs Monaten und zwei Jahren andauern kann, besteht das Risiko, dass die ‚normalen' emotionalen Reaktionen pathologisch werden und Störungen entstehen. In einer weiteren Phase bilden sich günstigstenfalls Symptome zurück, während sich eine neue Lebenseinstellung entwickelt. Erst für einen Zeitraum von vier bis fünf Jahren nach der Viktimisierung geht die Literatur von einer Überwindung des traumatischen Ereignisses aus. Erst danach sind die Ressourcen vorhanden, sich mit verdrängten und negierten Teilen der Viktimisierung auseinanderzusetzen und damit das Geschehene in die eigene Biografie zu integrieren.[55]

Bei Opfern von rechtsextrem motivierter Gewalt sind weitere Herausforderungen in der Bewältigung der Straftat möglich. Diskriminierende Vorerfahrungen durch die Kontrollinstanzen im Herkunfts- oder Aufnahmeland können zu einem Verlust des Vertrauens in das System geführt haben, was Menschen daran hindern kann, Hilfe durch Institutionen anzunehmen. Ebenso sind kulturell bedingte Hemmschwellen möglich, die bei der Suche nach Hilfe einschränkend sind. Darüber hinaus kann es an sozialer Unterstützung mangeln, weil die Betroffenen noch kein soziales Netzwerk aufgebaut haben oder ihnen die Unterstützung als Mitglied einer spezifischen Gruppe verwehrt wird. Wählen Menschen dann ausschließlich innerpsychische Bewältigungsformen, wie die Verdrängung, sind diese Formen für eine Verarbeitung weniger erfolgversprechend.[56]

Wann und ob eine Bewältigung tatsächlich erfolgt ist, lässt sich allenfalls eingeschränkt feststellen. Anhand von Kriterien kann ein Rückgang von Symptomen und die Integration des Ereignisses als ein Teil der Lebensgeschichte gemessen werden.[57] Ob mit den Viktimisierungserfahrungen vollständig abgeschlossen werden kann, ist fraglich. Vorstellbar ist eine Reaktivierung von Symptomen bei neuen krisenhaften Lebensereignissen oder Jahrestagen. Dies könnte besonders bei Anschlagsgeschehen mit hoher medialer und politischer Begleitung der Gedenktage relevant werden. Ferner gilt: Nicht alle Menschen benötigen eine Psychotherapie, andere Arten von Unterstützungsangeboten, wie Krisenintervention, Seelsorge oder Sozialarbeit, können ausreichend sein – und was für die einen *„hilfreich und entlastend"*[58] ist, kann für andere *„belastend und schadend"*[59] sein.

---

[55] Vgl. Haas, 2014, S. 253 f.

[56] Vgl. Böttger, 2018, S. 391 ff.

[57] Vgl. Treibel, 2018, S. 449 f.

[58] Weber, 2019.

[59] Weber, 2019.

2.5.1 Allgemeine Opferbedürfnisse in Bezug auf das Strafverfahren

„Eine rechtsstaatliche Strafjustiz könnte dem Opfer gerecht werden. Sie könnte es anhören, es wichtig nehmen, ihm öffentlich und mit Nachdruck versichern, dass es nicht durch einen Zufall, sondern durch ein Unrecht verletzt worden ist und dass die Rechtsgemeinschaft ihm deshalb zur Seite steht, soweit das möglich ist. Das ist ein Programm, das Täterorientierung, Opferorientierung und Rechtsstaat ins Verhältnis bringt."[60]

Dieses Zitat identifiziert bereits die Kernaspekte von Opfererwartungen an den Strafprozess. Gleichwohl wird zunächst der strafprozessuale Rahmen skizziert: Ein Täter/eine Täterin muss sich in einem Strafprozess der Frage stellen, ob er/sie sich für ein Verhalten strafrechtlich zu verantworten hat. Ein Opfer ist zur Mitwirkung am Strafprozess in der Rolle als Zeuge verpflichtet. Dies beinhaltet bspw. die Pflicht, der Ladung zum Termin Folge zu leisten und wahrheitsgemäß auszusagen (§ 48 Abs. 1 StPO). Diese Zeugenpflicht dominiert die strafprozessuale Stellung des Opfers. Daneben sind Opferschutzrechte gegeben, die Optionen einer aktiven Mitwirkung bieten.[61] Im Folgenden wird analysiert, welche Opferbedürfnisse sich an das Strafjustizsystem richten:

Zunächst ist festzustellen, dass Opfer keine homogene Personengruppe bilden. Die von einer Straftat betroffenen Menschen haben differente Biografien und Erfahrungshorizonte sowie verschiedene Fähigkeiten und Ressourcen, um schwierige Lebenssituationen zu bewältigen (sog. Coping-Fähigkeiten). Die Bewertung, wie schwer eine Straftat für das eigene Leben wirkt, ist stets subjektiv. Folglich sind Ängste, Sorgen und Erwartungen an das Justizsystem unterschiedlich – analog zu dem Wunsch nach aktiver oder passiver Involvierung in das Strafverfahren.[62] Die Wissenschaft hat daher versucht, Opferschutzbedürfnisse in übergeordneten Kategorien zu erfassen: *„Verständnis, Sicherheit, Rückgewinnung von Kontrolle, Information und Transparenz, Vermeidung sekundärer und (tertiärer) Viktimisierung"*[63]. Sautner[64] hat in ihrer Studie vier Bereiche identifiziert,

---

[60] Hassemer/Reemtsma, 2002, S. 29.

[61] Vgl. Sautner, 2010, S. 215.

[62] Vgl. Kilchling, 2018, S. 11.

[63] Kilchling, 2018, S. 6.

[64] Vgl. Sautner, 2010, S. 263.

in denen die von Opfern an den Strafprozess gerichteten Interessen deutlich werden: „1. *Die Anerkennung als Opfer einer strafbaren Handlung,*[65] 2. *Schonung und Schutz im Zuge sämtlicher Verfahrensschritte,* 3. *die Möglichkeit, aktiv am Verfahren mitzuwirken,* 4. *das Interesse an einer umfassenden Wiedergutmachung der eingetretenen Schäden*"[66].

Die verstärkte Mitwirkung beinhaltet der Studie zufolge nicht den Wunsch nach ‚harten' Mitwirkungsrechten, um Einfluss auf das Verfahren nehmen zu können. Es handelt sich vielmehr um ein Bedürfnis nach ausgiebigeren Informationen. Ferner kann Opfern das Wissen genügen, mehr Mitwirkungsrechte zu haben, ohne diese letztlich auszuüben. Sautner führt dies auf das Bedürfnis nach Selbststabilisierung zurück, bei der die Opfer die Entscheidungshoheit darüber haben, ob sie die passive Rolle verlassen möchten.[67] Bedeutsam im Sinne der Anerkennung als Opfer dürfte der im Eingangszitat beschriebene Wunsch nach Anerkennung der Straftat als Unrecht und nicht als Unglück sein.[68]

2.5.2 Die Fragen: Warum, warum ich oder die Suche nach der Wahrheit?

Neben den vorgenannten abstrakten Kategorien finden sich in Literatur und in Medienberichten Hinweise auf folgende Fragestellungen: „*Was bleibt, ist die Frage nach dem Warum*"[69] und „*ich frage mich, warum sowas sein muss, wie man so sein kann*"[70]. Die Frage nach dem *Warum* ist bei verunsichernden oder verletzenden Erlebnissen eine häufig gestellte Frage. Menschen suchen nach der Verantwortung für das Geschehene, fragen sich, ob sie das Erlebte verdient haben und auch, warum gerade sie betroffen sind.[71]

---

[65] Eindrücklich dazu: Semiya Şimşek: „*…Wir durften nicht einfach ‚nur' Opfer sein*"…; nach dem Mord an ihrem Vater war die Familie 11 Jahre lang im Ungewissen, wurde selbst verdächtigt, musste somit um die „Opferrolle" kämpfen; vgl. https://www.daserste.de/unterhaltung/film/mitten-in-deutschland-nsu/interview-semiya-simsek-die-opfer-vergesst-mich-nicht-102.html, (22.03.2022).

[66] Sautner, 2010, S. 263.

[67] Vgl. Sautner, 2010, S. 264.

[68] Siehe Abschnitt 4.2.2.

[69] Vgl. https://www.hessenschau.de/panorama/zwei-jahre-nach-der-amokfahrt-volkmarsen-blickt-nach-vorn,volkmarsen-zweiter-jahrestag-100.html (22.03.2022).

[70] Vgl. https://www.hessenschau.de/panorama/prozess-um-auto-attacke-von-volkmarsen-naehert-sich-dem-ende,prozess-volkmarsen-ende-100.html (22.03.2022).

[71] Vgl. Blum, 2002, S. 137 f.

Reemtsma[72] beschreibt dazu einen Mechanismus, nachdem Opfer sich oftmals selbst eine Mitschuld am Geschehenen zuschreiben und auf die Frage des ‚Warum ich?' eine Antwort zu suchen. Die Antwort ‚Zufall' sei dabei innerlich kaum auszuhalten. Es sei psychisch vielmehr einfacher, sich eine irgendwie geartete Mitschuld zuzuschreiben, als ein bloßes und willenloses Objekt des Zufalls gewesen zu sein. Kommt es dann im Rahmen eines Strafverfahrens zu einem Schuldspruch, kann die Zufallseigenschaft erneut in den Hintergrund treten, weil eine für das Geschehen Verantwortung tragende Person festgestellt wurde.[73]

Schließlich setzen sich die Antworten, die ein Opfer findet, aus der formellen Gerichtsverhandlung, dem informellen Austausch im Alltag und weiteren individuellen Bewältigungsprozessen zusammen.[74] Dabei handelt es sich um Kommunikationsprozesse mit einer Vielzahl von Menschen als Verhandlungspartner/innen wie sämtliche Verfahrensbeteiligte im Strafprozess, Ermittlungs- und andere Behörden, Opferhilfen, das soziale Umfeld und – bei Anschlagsgeschehen – die Medien und Politiker/innen. Die Antworten aller Genannten sind für die Bewertung und Bewältigung der Straftat durch das Opfer bestimmend. Hier zeichnet sich ab, dass eine Hauptverhandlung für Anschlagsopfer zwar eine Belastung darstellen kann, jedoch die Aspekte ‚Verantwortung feststellen' und ‚Suche nach Antworten' positive psychologische Effekte für die Verarbeitung entfalten können. Findet keine Hauptverhandlung statt, weil sich ein Täter/eine Täterin nach dem Anschlag suizidiert hat, entfallen damit bedeutsame Elemente für eine Auseinandersetzung mit dem Viktimisierungserleben.

Anschläge treffen jedoch nicht nur Individuen, sondern auch die Gesellschaft.[75] Einem Strafprozess bei Anschlagsgeschehen kommt somit auch eine kollektive Bedeutung zu. Ein praxisnahes Beispiel für stabilisierende gesellschaftliche Effekte findet sich nach der Urteilsverkündung am 24. August 2012 gegen den Täter von Utøya. Der Titel des Leitartikels der auflagestärksten Zeitung in Norwegen lautete am Tag nach der Rechtskraft des Urteils: „Klärung und Erleichterung" und begann „Nie zuvor ist das Wort Erleichterung häufiger benutzt worden"[76]. Nach der Verurteilung des Amokfahrers von Volkmarsen wegen 89-fachem Mordversuch zu einer lebenslangen Haftstrafe im Dezember 2021 bezeichnete der Bürgermeister des Ortes das Urteil als Schlusspunkt, die

---

[72] Vgl. Hassemer/Reemtsma, 2002, S. 131.

[73] Vgl. Hassemer/Reemtsma, 2002, S. 131 f.

[74] Vgl. Blum, 2002, S. 137.

[75] Siehe Kapitel 5.

[76] Beispiel entnommen aus: Christie, 2014, S. 237.

Hauptverhandlung als Hilfe bei der Verarbeitung und führte in den Medien weiter aus: *„Es war ganz wichtig, dass die Opfer gehört wurden. Das war zwar eine Belastung, aber auch eine Befreiung. […] Sie empfinden das Urteil als gerecht, auch wenn die Befriedung nicht vollumfänglich ist."*[77] Beide Zeitungsartikel ergänzen das wissenschaftlich Belegte und illustrieren folgende opferrelevante Aspekte: Zurückgewinn von Kontrolle, Anerkennung, eine Stimme im Verfahren, Gerechtigkeit.

Aus organisationspsychologischer Perspektive wird einer Hauptverhandlung nach Anschlagsereignissen eine *Containment-Funktion* zugesprochen. Containment gilt im übertragenen Sinn als eine Art Behältnis, das schwere Konflikte und Reaktionen zusammenhält. Das *Behältnis*, in diesem Fall das Rechtssystem, soll eine schützende Funktion für die Gesellschaft entfalten.[78] Um diesen Schutz gewährleisten zu können, bedarf es eines Vertrauens der Gesellschaft in einen gerechten Prozessablauf. Nachfolgend werden daher die theoretischen Grundlagen von Modellen und Konzepten zur Verfahrensgerechtigkeit vorgestellt.

---

[77] Vgl. https://www.hessenschau.de/panorama/zwei-jahre-nach-der-amokfahrt-volkmarsen-blickt-nach-vorn,volkmarsen-zweiter-jahrestag-100.html (22.03.2022).

[78] Vgl. Grønvold Bugge, 2021, S. 63.

Verfahrensgerechtigkeit (Procedural Justice): Theorien und Modelle

3

3.1 Theorien der Verfahrensgerechtigkeit

Die prozedurale Gerechtigkeit oder Verfahrensgerechtigkeit beinhaltet die Gestaltung fairer Verfahren zur Entscheidungsfindung. Die Akzeptanz des Verfahrensergebnisses und damit das Vertrauen in das Rechtssystem misst sich an der Qualität des Entscheidungsprozesses. Dieses Vertrauen ist ein wesentlicher Aspekt für die Legitimation des Justizsystems und zeichnet einen funktionierenden Rechtsstaat aus.[1]

Für vorliegende Untersuchung ist die prozessuale Gerechtigkeitsforschung von Bedeutung, da die Erwartungen der Opfer, die Bewältigung der Straftat und eine mögliche sekundäre Viktimisierung durch das strafprozessuale Verfahren beeinflusst sein können. Als weitere für vorgenannte Aspekte relevante Faktoren gelten die *informational justice* und die *interpersonal justice*. Unter *informational justice* wird verstanden, dass Strafverfolgungs- und Justizbehörden Opfer über den Ablauf des Verfahrens angemessen informieren. *Interpersonal justice* bezeichnet den respekt- und würdevollen Umgang mit den Opfern.[2] Darüber hinaus benennt die Literatur das Konzept der *interactional justice*, das die beiden Elemente der *informational justice* und der *interpersonal justice* zusammenfügt.[3] Dabei können die genannten Faktoren, besonders für vulnerable Opfer, Auswirkungen auf die Fähigkeit zur Bewältigung der Straftat entfalten. *Interactional injustice* gilt daher als eine Form der Sekundärviktimisierung.[4] In der Forschungsliteratur

---

[1] Vgl. Laxminarayan, 2013, S. 145; Birkel et al., 2017, S. 83.

[2] Vgl. Laxminarayan/Pemberton, 2014, S. 564.

[3] Die Definitionen sind nicht klar abgrenzbar und überschneiden sich. Zum Teil werden *interpersonal* und *interactional justice* synonym verwandt.

[4] Vgl. Laxminarayan, 2013, S. 145 f.

© Der/die Autor(en) 2023
U. Hochstätter, *Die Fragen der Opfer im Strafprozess*, BestMasters,
https://doi.org/10.1007/978-3-658-40530-4_3

wird zudem der gerichtliche Umgang mit Opfern aus dem Blickwinkel einer *therapeutic justice* heraus diskutiert.[5] Im Folgenden sollen zunächst die Grundlagen der Verfahrensgerechtigkeitsforschung erläutert werden. Sodann werden die Bezüge zum Strafjustizsystem hergestellt und das in mehreren Rechtssystemen angewandte Modell des VIS diskutiert.

In Deutschland existiert kaum empirische Forschung zur prozessualen Gerechtigkeit. Hier kann lediglich auf den *Deutschen Viktimisierungssurvey (DVS)* zurückgegriffen werden, der im Auftrag des Bundeskriminalamtes im Jahr 2017 erstellt wurde. Es handelt sich dabei um den zweiten DVS, nachdem erstmalig im Jahr 2012 repräsentative Befragungen durchgeführt worden waren.[6] Dabei ist jedoch festzustellen, dass der Viktimisierungssurvey 2017 konzeptuell nur einen Teilbereich abbildet.

Prozessuale Gerechtigkeit ist mehrdimensional und daher sollte die Beforschung mit einer Differenzierung in objektive und subjektive sowie interne und externe Aspekte erfolgen. Die objektive-externe Dimension betrifft die Fragestellung, ob das Verfahren zur Wahrheitsfindung beiträgt, während die objektive-interne Dimension ermittelt, ob die in der konkreten Entscheidung angewandten Regeln eine Entsprechung zu den normativ festgelegten Standards aufweisen. Die subjektiv-interne Dimension befasst sich wiederum mit der subjektiven Zufriedenheit und eruiert diese anhand von Befragungen und individuellen Einschätzungen von Beteiligten.[7]

Der DVS konzentriert sich ausschließlich auf die subjektiv-interne Dimension und fragt die Bevölkerung nach einer Bewertung aus ihrer individuellen Wahrnehmung heraus.[8] Die damit einhergehenden Ergebnisse unterliegen aufgrund dieser methodischen Einschränkung einer verringerten Aussagekraft. Bewertet wurden die Effektivität der Gerichte, d. h. das Vertrauen in die Fähigkeit, richtige Entscheidungen zu treffen, sowie die Gleichbehandlung vor Gericht (distributive Gerechtigkeit) und die Einschätzungen von fairen und unparteiischen Entscheidungen der Gerichte (prozessuale Gerechtigkeit). Das Vertrauen in die Gerichte wurde durch die Bürger/innen hinsichtlich sämtlicher drei Aspekte überwiegend positiv gewertet.[9] In Bezug auf die prozedurale Gerechtigkeit sind ca. 63 % der Bevölkerung der Meinung, dass durch die deutschen Gerichte oft faire sowie

---

[5] Vgl. Übersicht in: Booth, 2015, S. 164 ff.

[6] Vgl. Birkel et al., 2017, S. 97.

[7] Vgl. Barton, 2002, S. 244 f.

[8] Vgl. Birkel et al., 2017, S. 83 ff. (Die o. g. Limitationen der Untersuchung nennt *Der Deutsche Viktimisierungssurvey* jedoch nicht).

[9] Vgl. Birkel et al., 2017, S. 100.

unparteiische Entscheidungen getroffen werden. Lediglich 22,7 % der Bevölkerung gehen davon aus, dass die Gerichte nur manchmal faire Urteile fällen, während 14,2 % der Bevölkerung die Gerichte für unfair und parteiisch halten. Auffällig sind dabei zwei Resultate: In der Altersgruppe der über 74-Jährigen hat nur noch etwa die Hälfte der befragten Personen Vertrauen in die Gerichte. Zudem weisen Menschen aus der Türkei und aus dem Gebiet der ehemaligen Sowjetunion ein signifikant niedrigeres Vertrauen in die deutschen Gerichte auf als Menschen ohne Migrationshintergrund.[10]

Die systematische Erforschung, welche Bedeutung einem Verfahren hinsichtlich der Akzeptanz der daraus resultierenden Entscheidung zukommt, geht auf sozialpsychologisch orientierte Forschung aus den Vereinigten Staaten von Amerika zurück.[11] Im Jahr 1975 entwickelten der Sozialpsychologe John Thibault und der Jurist Laurens Walker das *Self-Interest-Model.*[12] Sie führten eine Simulationsstudie durch und verglichen anhand der beiden Prozessmodelle nach angloamerikanischem und kontinentaleuropäischem Vorbild, inwieweit die dort bestehenden Optionen zur Einflussnahme durch Beteiligte und Beobachtende als im Ergebnis befriedigender und fairer eingeschätzt wurden.[13] Nach dem sog. ‚adversary model‘ im angloamerikanischen Rechtsraum liegt die Verfahrensherrschaft bei den Parteien, durch die der Verfahrensgegenstand und der Umfang der Beweiserhebung festgelegt wird; das Gericht übt dabei die Rolle einer unparteiischen dritten Person aus. Im kontinentaleuropäischen (inquisitorischen) Prozessmodell obliegt dagegen dem Gericht die Kontrolle über das Verfahren. Es zieht die notwendigen Beweismittel bei, befragt Zeugen, beauftragt Sachverständige und kann den Verfahrensgegenstand begrenzen.[14]

Thibault und Walker unterscheiden in ihrer Studie die Ergebnis- und die Verfahrenskontrolle. Erstere beinhaltet Optionen, auf das Ergebnis Einfluss nehmen zu können, während die zweite Variante auf Möglichkeiten verweist, im Zuge des Verfahrens die eigenen Interessen einzubringen, was wiederum das Ergebnis beeinflussen kann. Die Verfahrensgerechtigkeit wurde umso höher eingeschätzt, je optimaler die Kontrolle bei den Beteiligten verteilt war. Die Forschenden führten diese Einschätzung darauf zurück, dass Menschen die Maximierung ihres Vorteils anstreben, und bezeichneten ihren Ansatz daher als *self-interest-model.*

---

[10] Vgl. Birkel et al., 2017, S. 87 ff.

[11] Vgl. Bora, 2002, S. 24.

[12] Vgl. Bierbrauer/Klinger, 2008, S. 508.

[13] Vgl. Thibaut/ Walker, 1975, S. 1 f.

[14] Vgl. Bierbrauer/Klinger, 2008, S. 509.

Sowohl Beteiligte aus dem angloamerikanischen als auch dem kontinentaleuropäischen Rechtsraum bewerteten das adversarische Verfahren als befriedigender und fairer.[15]

Die Kriterien der Entscheidungs- und Prozesskontrolle wurden in einer Studie des Forschers Gerald S. Leventhal um sechs weitere Verfahrenskriterien ergänzt. Er ging davon aus, dass eine positive Fairnesseinschätzung von folgenden Faktoren bedingt ist: Konsistenz in der Anwendung von bestimmten Prinzipien („consistency"), Unvoreingenommenheit und ohne Selbstinteresse („bias suppression"), Zugrundelegung von genauen Informationen („decision accuracy"), Möglichkeiten zur Korrektur („correctability"), Gewähr von Gehör und die Berücksichtigung des Gesagten („representativity") und der Einhaltung von ethischen Standards („ethicality").[16]

Vorgenannte Modelle wurden weiterentwickelt, da die Annahme, Menschen handelten überwiegend aus Eigeninteressen heraus, das menschliche Bedürfnis nach sozialer Beziehung nicht ausreichend berücksichtigte.[17] Lind und Tyler stellten in Studien fest, dass die Qualität der sozialen Beziehung zwischen Betroffenen und entscheidungsbefugten Personen bei der Bewertung der prozeduralen Gerechtigkeit weitaus bedeutsamer war als die Verfahrenskontrolle und das -ergebnis. Sie entwickelten aus diesen Erkenntnissen das *„Group Value Model"* (*Gruppenwertmodell*), demzufolge Menschen ein Bedürfnis nach Anerkennung in sozialen Beziehungen und Zugehörigkeit zu einer Gemeinschaft haben. Demnach bildet sich die soziale Identität eines Menschen durch Interaktion mit anderen Menschen, so auch mit Verfahrensbeteiligten. Menschen sind daher eher bereit, ihre individuellen Interessen zurückzustellen, wenn sie im Rahmen eines Verfahrens fair behandelt werden. Nehmen sich Menschen in einem Verfahren als Mitglied einer Gemeinschaft wahr, das respektvoll behandelt wird, erscheint ihnen das Verfahren als fair. Wird der Umgang als wenig respektvoll empfunden, wird damit Geringschätzung und fehlende Zugehörigkeit zur sozialen Gemeinschaft assoziiert. Die wahrgenommene Fairness eines Verfahrens und damit die Bereitschaft, dem eigenen Nutzen nicht den Vorrang zu geben und ein Verfahrensergebnis zu akzeptieren, hängt diesem Modell zufolge von der Befriedigung sozialpsychologischer Bedürfnisse ab. Im Rahmen ihrer Studie stellten beide Forscher zudem fest, wie bedeutsam sich die Möglichkeit, gehört zu werden (*„voice"*) für Beteiligte in

---

[15] Vgl. Thibault/Walker, 1975, S. 1 f.

[16] Vgl. Leventhal, 1980, S. 27 ff.

[17] Vgl. Bierbrauer/Klinger, 2008, 511.

ihrer Wahrnehmung von prozeduraler Gerechtigkeit darstellt.[18] Die rechtspsychologische Forschung verwendet seitdem den Begriff „*voice*" für die etwaigen Partizipationsformen von Verletzten und Nebenkläger/innen im Strafprozess.[19] Kritik erfährt das *Group-Value-Model* unter den Aspekten der subjektivistischen Bewertungsperspektive für die Messung von Gerechtigkeit und des gruppentheoretischen Ansatzes.[20] Der Ermittlung von Gerechtigkeit anhand individueller Einstellungen und Wahrnehmungen fehle es an Ergänzung durch externe Bewertungskriterien. Bora[21] fragt hier im Umkehrschluss: „*Wenn Frustrationseffekte und negative Reaktionen auf ein Verfahren zu beobachten sind, muß dann das Verfahren notwendigerweise ‚schwach' bzw. ‚fehlerhaft' sein?*"[22] Darüber hinaus moniert Bora die zu starke Generalisierung durch den gruppentheoretischen Ansatz und die Anwendung des Begriffes der Gruppe auf die Gesellschaft.[23] Gesellschaft besteht aus zahlreichen Gruppen, die sich aus interaktionstheoretischer Perspektive mit Face-to-Face-Beziehungen begreifen. Gesellschaft zeichnet sich im Gegensatz dazu nicht interaktionistisch, sondern durch eine Makrostruktur aus. Wenn infolgedessen der Gruppenwert die Wahrnehmung der Gerechtigkeit bestimmen soll, bleibt fraglich, welche Gruppe gemeint ist, z. B. das familiäre Umfeld, das Justizsystem oder politische Gruppierungen.[24]

Diese soziologische Argumentation ist für vorliegende Untersuchung plausibel. Opfer extremistisch motivierter Anschläge werden als stellvertretende Opfer für eine Gruppe ausgewählt. Diese Gruppe kann bspw. aufgrund eines Migrationshintergrunds über abweichende individuelle Voreinstellungen und Lebenserfahrungen verfügen, wie mangelndes Vertrauen in die Justiz[25] oder gegenüber staatlichen Organen und kann daher andere Gruppenwerte ausbilden. Wie in Kapitel 5 aufgezeigt wird, löst ein extremistischer Anschlag individuell-gesellschaftliche Wechselwirkungen mit einer Vielzahl von ‚Gruppen' aus, die ihren eigenen Vorstellungen von Gerechtigkeit unterliegen. Zu einer dieser ‚Gruppen' zählt das Justizsystem. Formal korrekte Abläufe des Ermittlungsverfahrens könnten somit aus Sicht der Justiz als fair und gerecht eingeordnet werden,

---

[18] Vgl. Lind/Tyler 1988; Ausführungen bei Bierbrauer/Klinger, 2008, S. 511 f.

[19] Vgl. Wucherer, 2021, S. 464 m. w. N.

[20] Vgl. Bora, 2002, S. 26 ff.

[21] Vgl. Bora, 2002, S. 27.

[22] Bora, 2002, S. 27.

[23] Für vorliegende Untersuchung erfolgte daher die Übersetzung der Inhalte des Gruppenwertmodells mit dem Wort *Gemeinschaft*.

[24] Bora, 2002, S. 28.

[25] Vgl. Birkel et al., 2017, S. 87 ff.

während politische und mediale ‚Gruppen', Opfervertretungen oder individuelle Opfer eine weniger normative Betrachtungsweise zugrunde legen, ihre individuellen Gruppenwerte und Erwartungen vertreten und ein Verfahren folglich als unzulänglich und ungerecht wahrnehmen.

Dissonanzen sind nach dem Gruppenwertmodell zudem vorstellbar, wenn sich ein Opfer in der eigenen Wahrnehmung nicht als der angegriffenen Gruppe zugehörig sieht, z. B. sich als Deutsche/r und nicht als migrierte Person sieht, aber von Justizbehörden oder anderen ‚Gruppen' dieser zugeordnet, wodurch das sozial bedeutsame Zugehörigkeitsgefühl nachhaltig gestört wird. Ein Verfahren kann aus individueller Sicht infolgedessen nie fair sein oder werden.

Ebenso darf nicht ignoriert werden, dass das Viktimisierungserleben durch die Straftat mit den potenziellen Folgen von starken Emotionen, wie Wut, einer posttraumatischen Belastungsstörung oder einem Verlust der Selbstwirksamkeit und Selbstvorwürfen, einhergehen kann und demzufolge die Wahrnehmung eines Verfahrens als fair beeinträchtigt werden könnte. Aufgrund dieser Effekte können Erwartungen an das Strafjustizsystem von Opfer zu Opfer unterschiedlich sein, sie werden von Konzepten und normativem Rahmen u. U. nicht erfasst und können somit nicht erfüllt werden.[26]

Für die Konzepte der Verfahrensgerechtigkeit haben die Ausführungen von Bora, auch wenn sie 20 Jahre zurückliegen, nicht an Aktualität verloren.[27] Das wissenschaftliche Interesse sollte sich nicht ontologisch darauf konzentrieren, was Gerechtigkeit ist, sondern wie sich ihr bestmöglich angenähert werden kann. Verfahrensgerechtigkeit ist nach Bora *„ein soziales Konzept, das in Kommunikationen erzeugt und eingesetzt wird"*[28]. Bei den Handelnden bedarf es daher des Bewusstseins, dass auch auf prozeduraler Ebene die Verfahrenskommunikation aus sozialen Aushandlungsprozessen mit differenten Ansprüchen an die Deutungshoheit besteht. Bora plädiert daher für einen zurückhaltenden Umgang mit den normativen Prinzipien der von der Wissenschaft entwickelten Kriterien der Verfahrensgerechtigkeit und setzt auf das *„Potential einer kreativen Praxis"*[29]. Dazu finden sich entsprechende Ansätze auf internationaler Ebene: Während sich die deutschsprachige Literatur und Forschungsgemeinschaft nicht mehr im bisherigen Umfang dem Thema der Verfahrensgerechtigkeit im Strafverfahren zu widmen scheinen,[30] wird die wissenschaftliche Diskussion im

---

[26] Vgl. Laxminarayan/Pemberton, 2014, S. 565.

[27] Vgl. Bora, 2002, S. 31.

[28] Bora, 2002, S. 31.

[29] Bora, 2002, S. 32.

[30] Der letzte Sammelband als Ergebnis einer Tagung zum Thema ist 2011 erschienen:

anglo-amerikanischen Sprachraum und Rechtssystem fortgeführt. Die dortige Forschung hat drei maßgebende Opferbedürfnisse definiert: respektvolle Behandlung und Anerkennung als Opfer, Information und Partizipation am Verfahren. Diese drei Faktoren finden ihre Entsprechung jeweils unter den Konzepten von *interactional justice*, der *informational justice* und der *procedural justice*.[31] Die Teilhabe am Verfahren wurde vorstehend im Rahmen der Theorien zur Verfahrensgerechtigkeit *(procedural justice)* erörtert. Nachfolgend sollen die weiteren Modelle vorgestellt werden.

3.2 Interpersonal Justice und Informational Justice

Die *interpersonal justice* beinhaltet den respekt- und würdevollen Umgang mit einem Opfer und dessen Anerkennung als Opfer. Dieser Ansatz resultiert aus den Vorwürfen eines unsensiblen Verhaltens und dem Verantwortlichmachen des Opfers an der eigenen Viktimisierung bspw. durch Polizeibehörden und einer damit verbundenen Sekundärviktimisierung. Als zentrales Element der *interpersonal justice* nennt die Literatur die Unterstellung des Opferstatus bis zu dem Zeitpunkt, an dem durch Ermittlungen oder das Gericht Gegenteiliges bewiesen ist. Hier wird Bezug genommen auf die für eine beschuldigte Person geltende Unschuldsvermutung, die ebenfalls bis zum Beweis des Gegenteils gilt. Die frühzeitige Anerkennung des Opferstatus soll eine bessere Behandlung durch die Polizei gewährleisten und Zugang zu Hilfs- und Unterstützungsangeboten ermöglichen.[32] Im deutschen Strafrecht gilt diese strafprozessuale Opfervermutung bereits und jede Person, die behauptet, Opfer zu sein, erhält zunächst den Schutz der verfahrensrechtlichen Vorschriften.[33]

Das Erhalten von Informationen (*informational justice*) spielt für Opfer eine erhebliche Rolle. Das Fehlen von Informationen wird daher als Stressfaktor und folglich Unzufriedenheit mit dem Strafjustizsystem wahrgenommen. Die Informationen müssen jedoch auch verstanden werden, um zweckdienlich zu sein. Die meisten Rechtsordnungen sehen daher entsprechende Instrumente vor, wie die Übersetzung in die Muttersprache des Opfers oder einen rechtlichen Beistand.[34]

Goldenstein (Hrsg.), Mehr Gerechtigkeit. Aufbruch zu einem besseren Strafverfahren, 2011.

[31] Vgl. Pemberton/Vanfraechem, 2015, S. 31 ff.

[32] Vgl. Pemberton/Vanfraechem, 2015, S. 31.

[33] Vgl. Kilchling, 2018, S. 5.

[34] Vgl. Pemberton/Vanfraechem, 2015, S. 31.

Zu den Informationen zählen solche über das Verfahrensergebnis, das Gerichts-verfahren, die Unterstützungsangebote und die Sachstandsmitteilungen während des Verfahrens. Erwartet werden außerdem Erklärungen, aus welchen Gründen Prozessschritte erfolgen und wie das Ergebnis begründet wird.[35]

Der Vorteil von *interactional justice,* die sich aus den Elementen der *interpersonal* und der *informational justice* zusammensetzt, besteht in der effektiven Umsetzbarkeit, da die Rechte von beschuldigten Personen wenig betroffen und personelle Ressourcen seitens des Justizsystems nicht erforderlich sind.[36] Die Wirkungen dieser Konzepte haben drei niederländische Studien thematisiert. Eine Untersuchung aus dem Jahr 2013[37] hat eine Unterscheidung zwischen drei Opfer-gruppen (Opfer häuslicher Gewalt, Opfer sexueller Gewalt und Opfer anderer schwerer Gewaltverbrechen) vorgenommen und die Wirkungen von *interactional justice* auf die Fähigkeit zur Bewältigung der Straftat analysiert. Opfer von häuslicher Gewalt haben das Verfahren als am wenigsten hilfreich für die Ver-arbeitung empfunden. Opfer von sexueller Gewalt haben sich von der Polizei nicht gut behandelt gefühlt, sodass die Studie zu dem Ergebnis kommt, dass vul-nerable Opfer anfälliger für negative Wirkungen durch die Strafjustiz sind. Im Hinblick auf den Erhalt von Informationen waren zwischen den Gruppen keine Unterschiede gegeben; diese wurden von allen als unzureichend bewertet.[38] Eine weitere Studie aus dem Jahr 2014[39] resümiert, dass bei der Mehrzahl der Opfer der Prozess das Selbstwertgefühl und das Vertrauen in das Rechtssystem negativ bedingte. Nur bei Opfern, deren Erwartung an die Strafe erfüllt wurde, konnte eine Verbindung zu wahrgenommenem Respekt und damit zu Vertrauen in das System festgestellt werden. Waren die Opfer mit dem Ergebnis unzufrieden, hat eine respektvolle Behandlung wiederum keinen Einfluss auf die Vertrauensbil-dung bewirkt. Dieses Resultat steht im Widerspruch zu bisheriger Forschung.[40] Bestrafungserwartungen können somit die der *interpersonal justice* zugeschrie-benen Wirkungen überlagern. Wie die Verfassenden ausführen, bedarf es weiterer Forschung, unter welchen Bedingungen *interpersonal justice* die gewünschten Effekte entfalten könnte.[41]

---

[35] Vgl. Laxminarayan, 2015, S. 277 m.w.N.

[36] Vgl. Laxminarayan, 2013, S. 156.

[37] Vgl. Laxminarayan, 2013, S. 145 ff.

[38] Vgl. Laxminarayan, 2013, S. 155.

[39] Vgl. Laxminarayan/Pemberton, 2014, S. 564 ff.

[40] Vgl. Laxminarayan/Pemberton, 2014, S. 570.

[41] Vgl. Laxminarayan/Pemberton, 2014, S. 571.

Eine Untersuchung aus dem Jahr 2015[42] hat sich mit der Frage auseinandergesetzt, welche der Opferbedürfnisse, die in die niederländischen Opferrechte eingeflossen sind, das Vertrauen in das Rechtssystem prägen. Untersucht wurden folgende Maßnahmen: VIS, informelle Gespräche mit der Staatsanwaltschaft, Beratung durch Opferhilfseinrichtungen, rechtlicher Beistand, finanzielle Wiedergutmachung durch den Täter/die Täterin und finanzielle Wiedergutmachung durch den Staat. Lediglich für ein VIS konnte der Zusammenhang zu dem Vertrauen in das System nachgewiesen werden. Ohne statistisch signifikant zu sein, ergaben sich daneben Anhaltspunkte für den Umstand, dass die Unterstützung durch Opferhilfseinrichtungen in diversen Fällen eine negative Wahrnehmung des Justizsystems evozierte. Vermutet wird in diesem Kontext, dass durch die Mitarbeitenden der Opferhilfe Erwartungen bei den Opfern geweckt worden sein könnten, die dann nicht erfüllt wurden. Eine weitere Erklärung könnte darin liegen, dass sich insbesondere Opfer schwerer Gewalttaten oder mit einem schweren Trauma an die Opferhilfe gewandt haben und die höheren Erwartungen an die Justiz auf das Trauma zurückzuführen sein könnten.[43]

Für alle drei Studien werden etliche Limitationen durch die Autoren/Autorinnen benannt, wie die Schwierigkeit der Generalisierung aufgrund der geringen Anzahl und der wenig repräsentativen Auswahl der teilnehmenden Opfer. Anhand der Forschungsergebnisse wird lediglich der weitere Forschungsbedarf deutlich, um Abhängigkeiten von Opferrechten sowie Verfahrenskonzepten zu einem Vertrauen in die Strafverfolgungsorgane sowie einer daraus resultierenden Akzeptanz und Bereitschaft zur Mitwirkung untersuchen zu können.[44]

3.3 Therapeutic Justice

Unter *therapeutic justice* wird keine Theorie, sondern eine Perspektive verstanden, die aus dem Blickwinkel des Opfers dessen psychisches und physisches Wohlbefinden in Abhängigkeit zu Gesetzen, Strafverfahren, handelnden Personen und beteiligten Institutionen untersucht. Dem Gericht kommt dabei keine therapeutische Rolle zu. Von Richter/innen wird jedoch erwartet, sich schädigender bzw. anti-therapeutischer Effekte von Verfahrenshandlungen auf ein Opfer

---

[42] Vgl. Laxminarayan, 2015, S. 273 ff.
[43] Vgl. Laxminarayan, 2015, S. 282 f.
[44] Vgl. Laxminarayan, 2015, S. 283.

bewusst zu sein und dem aktiv entgegenzuwirken.[45] Bis dato sind kaum Untersuchungen gegeben: Diese jedoch stützen die Annahme, dass ermutigende und
stärkende Erfahrungen im Gerichtssaal positive Effekte auf den psychischen
Gesundheitszustand entfalten. So konnten eine Erhöhung der Selbstwirksamkeit,
die Anerkennung als Opfer und ein Gefühl der Kontrolle, die für die psychische Anpassung nach einer Viktimisierung notwendig sind, festgestellt werden.
Auch ein Vertrauen in andere Menschen und die Gesellschaft war auf diese
Weise wiederherstellbar.[46] Eine australische Studie empfiehlt bspw. kommunikative Maßnahmen, wie Erklärungen an die Zeugen/Zeuginnen zu den Gründen
von Belehrungen und Abläufen oder tatsächliche Maßnahmen, wie mit Bedacht
gewählte Sitzplätze für Opfer mit Bereitstellung von Wasser und Taschentü-
chern.[47] Als eines der Elemente von *therapeutic justice* gilt das bereits im
Rahmen der *procedural justice* angesprochene Gehör (*voice*) in Form eines sog.
VIS, dessen Rahmenbedingungen im nächsten Abschnitt erläutert werden.

3.4   Victim-Impact-Statement (VIS)

Ein VIS wird vom Opfer entweder in schriftlicher Form verfasst und dem Gericht
eingereicht oder vom Opfer vor Gericht verlesen. Aus Sicht des Opfers dürfen die persönlichen Folgen der Tat und z. B. die emotionalen, physischen oder
finanziellen Schäden diesbezüglich dargestellt werden, jedoch weder Beschimp-
fungen des/der Angeklagten erfolgen, noch Wünsche zur Bestrafung geäußert
werden. Welcher exakte Inhalt enthalten sein darf und wer die Erklärungen ein-
fordert (Staatsanwaltschaft, Bewährungshilfe, Polizei oder Opferhilfe) ist von den
Rechtssystemen des jeweiligen Landes abhängig. Eingesetzt wird dieses Instrument zumeist in Rechtssystemen mit adversarischen Verfahren, in denen es z. B.
bei Geständnissen vorkommen kann, dass Zeugen nicht gehört werden.[48] Rechtliche Regelungen bestehen z. B. in den USA, Canada, Australien, Neuseeland,
England und Wales und den Niederlanden.[49] Ziel eines VIS ist die Unterstützung der emotionalen Heilung, die bereits durch das Verfassen der Erklärung
in Gang gesetzt wird und letztlich einen kathartischen Effekt hervorrufen soll.[50]

---

[45] Vgl. Booth, 2015, S. 164 f.
[46] Vgl. Laxminarayan, 2015, S. 278.
[47] Vgl. Booth, 2015, S. 174, 178.
[48] Vgl. Booth, 2015, S. 161.
[49] Vgl. Hall, 2017, S. 150; Erez, 1999, S. 546.
[50] Vgl. Erez, 1999, S. 552.

Empirische Forschung zum Nachweis eines potenziellen Zusammenhangs fehlt jedoch in ausreichendem Maß.[51] Als weiteres Ziel eines VIS wird die Information aller Verfahrensbeteiligten über aktuelles Ausmaß, Umfang, Dauer und Details der Viktimisierung angesehen, da diese Informationen den Prozessbeteiligten auf anderem Wege nicht bekannt werden würden.[52] Dieser Standpunkt wird kritisiert, da hierin eine Emotionalisierung des Verfahrens, die Gefahr der Vorverurteilung und die Befürchtung einer Erhöhung der Strafe und somit eine Einschränkung der Rechte einer angeklagten Person liegen könnten. Problematisch könne darüber hinaus sein, dass beim Opfer unerfüllbare Erwartungen geweckt werden.[53]

Dagegen verstehen Opferzeugen/Opferzeuginnen einer australischen Studie zufolge ihre Stimme im Verfahren als die von Experten/Expertinnen (‚knowers‘), die zur Qualität und Bedeutsamkeit der Urteilsfindung beitragen. Angehört zu werden, beinhaltet demnach die Anerkennung als ein Mensch mit bedeutsamen und einzigartigen Erkenntnissen zu einem spezifischen Ereignis. Damit kann die Hoffnung verbunden sein, Einfluss auf die Entscheidungstragenden zu nehmen, was allerdings im Justizsystem nicht auf Akzeptanz stößt und somit zu potenziellen Enttäuschungen führt.[54]

Eine der ersten Studien zur Wirksamkeit eines VIS weist auf den Umstand hin, dass die Effekte einer differenzierten Betrachtung bedürfen und sich vorwiegend indirekt und subtil zeigen können. Die Studie stammt aus den Niederlanden[55] und thematisiert, ob ein VIS hilft oder eine sekundäre Viktimisierung auslöst. Als Parameter der Studie fungierten die beiden bedeutsamsten nach einer Straftat auftretenden Emotionen von Wut und Angst. Am häufigsten wurde ein VIS von Opfern mit dem höchsten Angstniveau und der geringsten gefühlten Kontrolle über den Genesungsprozess abgegeben. Die schriftliche Variante haben jene Menschen verwendet, die am meisten Wut verspürt haben. Dabei deckte sich die Erkenntnis mit bisheriger Forschung: Wer sich noch nicht erholt hat, verspürt ein gesteigertes Bedürfnis, die eigenen Gefühle mitzuteilen. Ein direkter therapeutischer Effekt ließ sich nicht feststellen, da die Gefühle von Angst und Wut stabil blieben. Auch dies geht mit vorliegender Forschung einher: Der Ausdruck von Emotionen führt nicht zu Heilung. Positive Effekte eines VIS ließen sich bei den Opfern belegen, die über ein höheres Gefühl von Kontrolle über ihren

---

[51] Vgl. Lens et al., 2014, S. 19.

[52] Vgl. Erez, 1999, S. 554.

[53] Vgl. Hall, 2017, S. 150; Erez, 1999, S. 547.

[54] Vgl. Holder et al., 2015, S. 206.

[55] Im Jahr 2005 wurde in den Niederlanden ein mündliches oder schriftliches VIS bei schweren Gewalttaten im Strafprozess ermöglicht. Vgl. Lens et al, 2014, S. 29 ff.

Genesungsprozess verfügten, denn bei diesen reduzierten sich Wut und Angst maßgeblich. Es konnten jedoch keine Anhaltspunkte dafür ermittelt werden, dass ein VIS eine Verbesserung der gefühlten Kontrolle evoziert hat. Positiv ließ sich in der Studie eine Verbindung zwischen dem Rückgang von Wut und Angst und der Wahrnehmung von prozeduraler Gerechtigkeit (untersucht mit den Faktoren zu ‚Anerkennung' und ‚Gehör') herstellen.[56]

Ein VIS kann eines der Elemente für ‚Gehör' sein. Dabei belegt die Studie von Lens et al., dass auch der Vernehmung als Zeuge/Zeugin und dessen/deren Behandlung im Gerichtssaal eine Bedeutung zukommt, ähnlich wie es die Ansätze zur *interpersonal* und *therapeutic justice* vorsehen. Die vorgenannte Studie hat lediglich kurzfristige Effekte im Zeitraum bis zu zwei Wochen nach der Verhandlung gemessen. Es besteht weiterer Forschungsbedarf hinsichtlich langfristiger Effekte und Maßnahmen, die Opfern bei der Verarbeitung helfen können. Ein Ansatz läge darin, zu untersuchen, wie Menschen ein Gefühl von höherer Kontrolle über ihren Genesungsprozess entwickeln können. Hohe unkontrollierte Emotionalität bei Opfern im Verfahren sollte als Indikator für eine nichterfolgte Verarbeitung wahrgenommen werden. Ein respektvoller Umgang ist zweifellos angebracht – es kann jedoch nicht erwartet werden, dass strafprozessuale Opferrechte in diesem Kontext effektiv greifen und zu einer Optimierung führen. Entsprechende Unterstützung ist hier außerhalb des Strafjustizsystems zu suchen.

Somit lässt sich festhalten, dass die vorgestellten Ideen und Konzepte zur Verfahrensgerechtigkeit (noch) nicht empirisch gesichert sind, dennoch Potenzial für eine Erforschung, Weiterentwicklung und eine erste Anwendung bieten. Inwieweit das Bedürfnis nach Gehör eines Opfers (*Voice*) im deutschen Strafprozessrecht berücksichtigt werden kann und ob die Idee eines VIS eine rechtliche Grundlage findet, wird in Kapitel 6 untersucht. Zunächst soll im folgenden Kapitel schlaglichtartig erörtert werden, was Gerechtigkeit aus der Perspektive des Strafprozesses bedeutet und welche Ziele das Strafverfahren kennzeichnen. Sodann werden die unterschiedlichen Auffassungen in Rechtsprechung und Lehre zu differenten Aspekten der Begründung des prozessualen Opferschutzes ergebnisoffen dargestellt.

---

[56] Vgl. Lens et al, 2015, S. 29 ff.

Ziele des Strafverfahrens und strafprozessualer Opferschutz

4

„Das Gericht ist nicht der Ort der Therapie. Sehr wohl aber der Ort, an dem der eingetretene Schaden vergrößert werden kann."[1]

4.1 Allgemeine Ziele des Strafverfahrens

Die Ziele des Strafverfahrens gründen sich auf die Elemente der Wahrheit, der Gerechtigkeit und des Rechtsfriedens.[2] Diese stehen zueinander in einem „labilen Gleichgewicht"[3]. Die Suche nach der Wahrheit im Strafprozess bezieht sich auf die Sachverhaltsfeststellung und den Beweis aller materiell-rechtlichen Umstände. Sie wird begrenzt auf die Fakten, die für die konkrete Tat relevant sind. Zudem steht dem Finden einer objektiven Wahrheit erkenntnistheoretisch entgegen, dass Wirklichkeitsauffassungen voneinander abweichen können. Wahrnehmungen sind subjektiv und unterliegen individuellen Zuschreibungsprozessen und Attributionen. Das aus dieser Wahrnehmung entstehende Bild der Wirklichkeit ist infolgedessen ein Konstrukt. Jede/jeder Verfahrensbeteiligte im Strafprozess konstruiert somit ein eigenes Bild der Wirklichkeit und dessen, was wahr ist. Den rechtsprechenden Organen obliegt deshalb eine Aufklärungspflicht mit der „Intention auf Wahrheit"[4], wobei sich die Aufklärungspflicht aus § 244 Abs. 2 StPO ergibt. Für das Urteil ist letztlich die Überzeugung des

---

[1] Hassemer/Reemtsma, 2002, S. 132.

[2] Die meisten strafprozessualen Lehrbücher benennen diese drei Elemente als eigenständige. Ziele des Strafverfahrens. Beispielhaft vgl. Volk/Engländer, 2021, S. 3.

[3] Volk/Engländer, 2021, S. 3.

[4] Barton, 2002, S. 245 f.

© Der/die Autor(en) 2023
U. Hochstätter, *Die Fragen der Opfer im Strafprozess*, BestMasters,
https://doi.org/10.1007/978-3-658-40530-4_4

Gerichts, d. h. die subjektive Gewissheit auf der Grundlage von *„rationaler Argumentation"*[5] maßgebend. Weitere Begrenzungen erfährt die materiell-rechtliche Wahrheitssuche durch strafprozessuale Rechte. Diese bilden die in einem Rechtsstaat zu schützenden Interessen ab. Hierzu zählen bspw. das Schweigerecht des Beschuldigten nach § 136 StPO oder die Zeugnisverweigerungs- und Aussageverweigerungsrechte von Zeugen nach §§ 52 ff. StPO. Eine beschuldigte Person darf nicht nur schweigen, sondern auch lügen und muss nicht an der Sachverhaltsaufklärung mitwirken. Der aus der Unschuldsvermutung abgeleitete In-dubio-pro-reo-Grundsatz unterstellt bei unüberwindbaren Zweifeln die Annahme der günstigeren Sachlage für die beschuldigte Person. Zudem erkennt die Rechtsprechung trotz der Aufklärungspflicht Konstellationen an, in denen darauf verzichtet werden darf, *„die Wahrheit um jeden Preis"*[6] zu ermitteln.[7]

Das zweite Verfahrensziel der Gerechtigkeit im Strafprozess bedeutet, dass ein gerechtes Urteil auf den festgestellten, vorstehend angeführten ‚wahren' Tatsachen beruht und das zugrunde liegende Verfahren fair, ordnungsgemäß und menschenwürdig durchgeführt wurde.[8] Der Begriff der Fairness bezieht sich wiederum auf den formellen Aspekt der Gerechtigkeit und gebietet einen anständigen und ehrlichen Umgang miteinander. Dazu bedarf es des Respekts und der Einhaltung von Regeln. Übertragen auf den Strafprozess bedeutet dies, beschuldigte Personen menschenwürdig und nicht als bloßes Verfahrensobjekt zu behandeln. Das „Recht auf ein faires Verfahren" ergibt sich als zentrale Norm aus Art. 6 der EMRK. Die Strafprozessordnung enthält weitere Verfahrensregeln, die ein faires Verfahren gewährleisten sollen.[9] Dazu zählen bspw. der Anspruch auf rechtliches Gehör, die Öffentlichkeit des Verfahrens, ggf. ein Recht auf (Pflicht-)Verteidigung, ein Recht auf Übersetzung in die eigene Sprache oder Beweisverwertungsverbote bei unzulässiger Beweiserhebung.

Als Zwischenergebnis kann formuliert werden, dass Gerechtigkeit Fairness voraussetzt, die auf Regeln beruht, die wiederum die Form des Strafverfahrens prägen. Barton spricht dieser Form sogar einen *„Eigenwert"*[10] zu und leitet hieraus eine Bedeutung für die prozedurale Gerechtigkeit ab. Den Eigenwert macht er daran fest, dass Verfahrensrecht nicht nur dienenden Charakter

---

[5] BGH, NStZ 1990, 402.

[6] BVerfG (Vorprüfungsausschuss), Beschluss vom 19.10.1983 – 2 BvR 859/83, NJW 1984, 428.

[7] Vgl. Thommen, 2014, S. 269 ff.

[8] Vgl. Volk/Engländer, 2021, S. 3.

[9] Vgl. Thommen, 2014, S. 267 f.

[10] Vgl. Barton, 2002, S. 247.

habe, somit die Einhaltung der Regeln des Verfahrensrechts nicht nur um ihrer selbst willen erfolge, sondern als Teil von eigenen Spielregeln zu verstehen sei. Diese Spielregeln ermöglichten den Handelnden im Gerichtssaal Orientierung, Beteiligung an Verlauf und Ergebnis des Verfahrens und garantierten gleichzeitig die rechtliche Rahmung und Filterung der Konstruktionen von Wirklichkeit. Ein Bruch von Spielregeln bedeute Formverlust, beeinträchtige Fairness und führe folglich zu prozedural ungerechtfertigten Ergebnissen.[11] Eine solche Einschränkung der prozeduralen Gerechtigkeit betreffe nicht nur die beschuldigten Personen, sondern auch Zeugen/Zeuginnen und Opfer. Nur klare Formen und deren Einhaltung gewährleisteten letztlich Rechtsfrieden für beschuldigte Personen und Opfer.[12]

Die Wiederherstellung des Rechtsfriedens ist das dritte Ziel des Strafverfahrens. Strafrecht arbeitet daher einen „sozialen Störfall"[13] auf. Dabei sollen individuelle Konflikte zwischen Tätern/Täterinnen und Opfern behandelt und bestenfalls gelöst werden. Die Durchsetzung der objektiven Rechtsordnung und damit des staatlichen Strafanspruchs legitimiert die Geltungskraft der Strafvorschriften und soll infolgedessen zum Rechtsfrieden führen. Zu diesem überindividuellen Interesse des Staates muss ein Opfer ggf. einen eigenen Beitrag, z. B. durch eine Zeugenaussage, erbringen.[14]

4.2 Begründung des prozessualen Opferschutzes

4.2.1 Verfassungsrechtliche Aspekte

Wie vorstehend ausgeführt, lassen sich aus sämtlichen Strafzielen neben den Täterbelangen Anhaltspunkte für Opferinteressen ableiten. Fraglich ist, ob ein Rechtsanspruch eines Opfers auf aktive Teilnahme am Strafverfahren besteht. Bisher wird ein solcher Rechtsanspruch im Schrifttum überwiegend verneint, während die existierenden strafprozessualen Regeln auf rechtspolitisch bedingte Entscheidungen des Gesetzgebers ohne Bestandsschutz zurückgeführt werden.[15] Hassemer moniert ein Fehlen der theoretischen und verfassungsrechtlichen Grundlagen. Auf die Auseinandersetzung sei angesichts des kriminalpolitischen

---

[11] Vgl. Barton, 2002, S. 246 f.
[12] Vgl. Barton, 2002, S. 253.
[13] Volk, 2021, S. 3.
[14] Vgl. Volk, 2021, S. 3; Kilchling, 2018, S. 13.
[15] Vgl. Helmken, 2020, S. 153.

Drucks bisher verzichtet worden und es fehle „*der Grund, der eine Beteiligung des Opfers normativ unausweichlich macht*"[16]. Aus dem Sozialstaatsprinzip nach Art. 20 Abs. 1 GG und den Grundrechten als Freiheitsrechten wird abgeleitet, dass der Staat bei Handlungsschwächen des Individuums eingreifen und ausgleichen darf. Somit ist der Gesetzgeber berechtigt, Verletzte im Strafverfahren zu berücksichtigen und vor verfahrensinduzierten Folgen zu schützen. Diese Berechtigung beinhalte jedoch nicht die Verpflichtung zu einer aktiven Beteiligung von Verletzten am Strafverfahren. Nach Ansicht von Galens seien Maßnahmen zum Opferschutz der Sozialpolitik zuzurechnen, jedoch nicht verfassungsrechtlich aus dem Sozialstaatsprinzip geboten.[17]

Entgegen der Meinung in der Lehre lässt sich ein Indiz für eine verfassungsrechtliche Begründung dem Gesetzgebungsverfahren zum ersten Opferrechtsreformgesetz aus dem Jahr 2004 entnehmen:

„*Der soziale Rechtsstaat im Sinne der verfassungsmäßigen Ordnung des Grundgesetzes ist im Falle einer Straftat nicht nur zur Aufklärung des Sachverhaltes sowie dazu verpflichtet, den mutmaßlichen Täter in einem fairen Verfahren seinem gesetzlichen Richter zuzuführen. Vielmehr gilt es gleichzeitig, die Belange des Opfers zu wahren, sich schützend und fördernd vor dessen Grundrechte zu stellen*"[18].

Demzufolge könnte schlussgefolgert werden, dass der Zustand vor Einführung des ersten Opferrechtsreformgesetzes verfassungswidrig gewesen sei, für diese Annahme werden jedoch keine Anhaltspunkte aufgeführt.

Unabhängig von der kontroversen Diskussion um einen verfassungsrechtlichen Anspruch eines Opfers auf Partizipation, sind grundsätzlich vor Gericht die Grundrechte der angeklagten Person und diejenigen der Zeugen/Zeuginnen zu beachten. Dies können folgende Grundrechte sein: die Menschenwürde nach Art. 1 Abs. 1 GG, das allgemeine Persönlichkeitsrecht nach Art. 2 Abs. 1, 1 Abs. 1 GG und das Recht auf Leben und körperliche Unversehrtheit nach Art. 2 Abs. 2 S. 1 GG.[19]

Über diesen grundrechtlichen Schutz für Zeugen/Zeuginnen hinaus zeichnet sich in der Rechtsprechung des BVerfG jedoch ein Wandel ab, der die Idee eines in der Verfassung verankerten Rechts eines Opfers auf eine strafrechtliche Verfolgung erneut aktuell erscheinen lässt.[20] In einer Entscheidung aus dem Jahr

---

[16] Hassemer, 2011, S. 170 f.
[17] Vgl. Gräfin von Galen, 2011, S. 50 f.
[18] BT-Drucks. 15/2609.
[19] Vgl. Wollmann, 2009, S. 38 f.
[20] Vgl. Übersicht der Rechtsprechung bei Helmken, 2020, S. 154 ff.

2015 erkennt das BVerfG ein subjektives öffentliches Recht von Opfern schwerer Straftaten auf eine effektive Strafverfolgung an. Begründet wird dies mit der staatlichen Schutzpflicht nach Art. 2 Abs. 2 S. 1 i. V. m. Art. 1 Abs. 1 S. 2 GG. Die zu gewährleistende effektive Strafverfolgung bedarf nicht der Anklageerhebung, aber der Ausschöpfung aller Ressourcen der Strafverfolgungsbehörden zur Sachverhaltsaufklärung und Beweismittelsicherung mit vollständiger Dokumentation und einer nachvollziehbar begründeten Einstellungsverfügung. Die Reichweite dieser Entscheidung bezieht sich zudem auf das Ermittlungsverfahren und soll vor einer zu frühzeitigen Beendigung des Verfahrens schützen.[21] Dabei gilt es, einem *„allgemeinen Klima der Rechtsunsicherheit und Gewalt"*[22] entgegenzutreten.

4.2.2 Strafrechtstheoretische Aspekte

Ansatzpunkte von Opferschutz und -belangen finden sich nicht nur in den Strafzielen und der Verfassung, sondern werden in der Forschung auch im Rahmen der Strafzwecke diskutiert. Angesichts des Umfangs dieser Untersuchung muss eine tiefere Auseinandersetzung mit der Position des Opfers in den absoluten und relativen Strafrechtstheorien unterbleiben. Wurde das Opfer in der Straftheorie bisher kaum berücksichtigt, werden im Schrifttum mittlerweile der negativen Spezial- und der positiven Generalprävention Opferschutzrelevanz zugeschrieben. Die absoluten Strafrechtstheorien zeichnen sich durch Vergangenheitsbezug und Vergeltung und Sühne für die begangene Tat aus. Die relativen Strafrechtstheorien sind wiederum zukunftsorientiert und zweckgebunden auf die Prävention zukünftiger Taten ausgerichtet, wobei eine weitere Differenzierung zwischen General- und Spezialprävention vorgenommen wird. Opferbedürfnisse lassen sich daher im Rahmen der negativen Spezialprävention zur damit verbundenen Abschreckungsfunktion und der Sicherung vor Tätern/Täterinnen in Bezug setzen. Die positive Generalprävention strebt den Befriedungseffekt der Allgemeinheit an. Ein Strafausspruch bedeutet Genugtuung und Normbestätigung gegenüber der Allgemeinheit und beinhaltet gegenüber dem verletzten Individuum die Botschaft, dass eine Norm verletzt, damit dem Opfer ein Unrecht angetan wurde und die Norm weitergilt.[23] Der Wiederherstellung des Normvertrauens durch eine Verurteilung wird eine präventive Wirkung zugesprochen, damit die Opfererfahrung

---

[21] BVerfG, Beschluss vom 19.05.2015 – 2 BvR 987/11, Rn. 18 ff.

[22] BVerfG, Beschluss vom 19.05.2015 – 2 BvR 987/11, Rn. 20.

[23] Ausführlich vgl. Sautner, 2010, S. 45 ff.; Schöch, 2021, S. 596; Wollmann, 2009, S. 68.

nicht zu einer Wahrnehmung von erodierender Normgeltung und zukünftigem kriminogenen Verhalten des Opfers führt.[24]

Bezogen auf die von einer Straftat traumatisierten Opfer wird teilweise die Meinung vertreten, Bestrafung als Teil von Traumabewältigung anzusehen. Begründet wird dieser Standpunkt damit, dass der Staat eine Straftat nicht verhindert hat und somit als Repräsentant der Gesellschaft – insbesondere bei traumaspezifischen Delikten – eine Bestrafung schuldet, um das erlittene Trauma von Opfern zu mindern.[25] Diese Sichtweise scheint zunächst plausibel bei den hier untersuchten Anschlagsgeschehen, die dadurch gekennzeichnet sind, dass sie nicht verhindert werden konnten und erhebliche Traumafolgen auslösen können. Reemtsma führt dagegen überzeugend an, dass ein Gerichtsurteil das traumatische Ereignis nicht mehr beseitigen könne, allerdings weiteren Schaden durch die Normbestätigung abwenden könne. Er unterscheidet zwischen Unglück und Unrecht und der Notwendigkeit, *„deutlich zu sagen, dass nicht hätte geschehen dürfen, was geschehen ist"*[26]. Erst aus der Anerkennung als Unrecht durch die Verletzung von Normen fühle sich die Gemeinschaft verpflichtet, während für Unglück niemand verantwortlich sei. Das traumatisierte Opfer müsse im künftigen Leben eine Anpassung an die Normalität erreichen, dazu müsse ihm/ihr die (Rechts-)Gemeinschaft – so weit wie möglich – beistehen.[27] Die von Reemtsma vertretene Ansicht entfaltet insbesondere für Anschlagsopfer eine Bedeutung hinsichtlich des notwendigen gesellschaftlichen Mitgefühls für die Unterstützung bei der Traumabewältigung. Kapitel 5 widmet sich diesem Thema.

4.2.3 Sachliche Begründung des Opferschutzes

Die sachliche Begründung von prozessualem Opferschutz liegt in der tatsächlichen Betroffenheit einer Person durch ein strafrechtlich relevantes Verhalten und einer möglichen Verletzung ihrer Rechtsgüter. Darin unterscheiden sich Zeugen/Zeuginnen von Verletzten.[28] Prozessualer Opferschutz zielt auf die Vermeidung oder Reduzierung potenzieller negativer Folgewirkungen durch die

---

[24] Vgl Helmken, 2020, S. 169.

[25] Vgl. Jerouschek, 2000, S. 185, S. 193.

[26] Hassemer/Reemtsma, 2002, S. 130 f.

[27] Vgl. Hassemer/Reemtsma, 202, S. 29, 128.

[28] Vgl. Schöch, 2021, S. 595.

strafprozessuale Aufarbeitung des zugrunde liegenden Geschehens.[29] Dazu zählen Phänomene wie die sekundäre oder die tertiäre Viktimisierung, die in Kapitel 2 erörtert wurden. Die rechtliche Anknüpfung erfolgt anhand der viktimologischen Definition des Opferstatus. Dies ist zunächst jede Person, die ein Viktimisierungsgeschehen behauptet. Rechtlich folgt daraus eine strafprozessuale Opfervermutung. Die Inanspruchnahme der Opferrechte kann daher unabhängig vom Täterstatus erfolgen: Es kommt nicht darauf an, ob eine mutmaßlich tatverantwortliche Person angeklagt, verurteilt oder das Verfahren eingestellt wird.[30] Insgesamt bilden Opfer- und Opferschutzrechte stets originäre Rechte. Sie sind situativ ausgerichtet, somit auch anwendbar in Ermittlungsverfahren gegen Unbekannt. Voraussetzung sind strafrechtliche Ermittlungen, die allerdings entsprechend der Verfahrenslogik des Strafprozessrechts täterbezogen ausgerichtet sind. Die prozessrechtliche Privilegierung des Opfers leitet sich infolgedessen aus der spezifischen Belastung einer möglichen Reproduzierung des Viktimisierungserlebnisses, insbesondere in der Prozesssituation, ab und begründet damit das prozessuale Schutzbedürfnis.[31]

4.2.4 Kritik

Kritik erfährt die Opferschutzgesetzgebung vor dem Hintergrund einer potenziellen Einschränkung der Verteidigungsrechte des Täters/der Täterin.[32] Geltend gemacht werden verfassungsrechtliche Bedenken, wie das Recht von Beschuldigten auf ein faires Verfahren oder die Verletzung der Unschuldsvermutung. Auf den fortwährenden Diskurs im Schrifttum, ob mit der Zunahme von Opferrechten und dem damit einhergehenden verbesserten Opferschutz ein entsprechender Rückgang der Rechte einer beschuldigten Person verbunden wird,[33] kann angesichts des Schwerpunkts und Umfangs dieser Arbeit lediglich schlaglichtartig hingewiesen werden. Eine Verletzung der Unschuldsvermutung lässt sich bspw. mit einer Fallgestaltung illustrieren, bei der beschuldigte Personen ohne prozessordnungsgemäßen Schuldnachweis verfahrensbezogen als schuldig behandelt werden, wie es bei einer Zulassung der Nebenklage nach § 395 Abs. 3 StPO

---

[29] Vgl. Kilchling, 2018, S. 5.
[30] Vgl. Kilchling, 2018, S. 5.
[31] Vgl. Kilchling, 2018, S. 7.
[32] Vgl. Kunz/Singelnstein, 2016, S. 247; Garland, 2016, S. 361.
[33] Vgl. Kunz/Singelnstein, 2016, S. 247.

gegeben ist, wenn in einem frühen Verfahrensstadium bereits über die *„schweren Folgen der T*at" entschieden wird.[34]

Darüber hinaus wird das Fehlen einer ausgefeilten strafprozessualen Dogmatik der einer permanenten Änderung unterworfenen Opferrechte – der Dogmatik strafprozessualer Rechte von Beschuldigten entsprechend – moniert.[35] Im Gegensatz zu Schutzrechten werden offensive Opferrechte wie das der Nebenklage zudem als Verstärkung eines generalisierenden Opferschutzes kritisiert, der die Struktur des Strafverfahrens in Richtung eines *„prozessual ungeordneten Parteienprozesses"*[36] verändert. Die prozessuale Waffengleichheit und damit die Fairness des Verfahrens könne infolgedessen infrage gestellt sein, wenn einer angeklagten Person und der Verteidigung eine numerisch hohe Anzahl von Nebenkläger/innen und deren anwaltliche Vertretungen im Gerichtssaal gegenüber stehen.[37] Insbesondere in Großverfahren, wie bei Anschlagsgeschehen mit einer Vielzahl von Verletzten und Hinterbliebenen, ist dieses Argument plausibel. Im Strafverfahren gegen den Attentäter von Halle vor dem Oberlandesgericht Naumburg waren bspw. 45 Überlebende und Hinterbliebene als Nebenkläger/innen zugelassen worden, die von 23 Anwälten/Anwältinnen vertreten wurden.[38]

Um dem Argument der Waffenungleichheit zu begegnen und um Interessen zu bündeln, besteht nunmehr durch die Vorschrift des § 397b StPO die Möglichkeit, einen gemeinschaftlichen Beistand für mehrere Nebenkläger/innen bei gleicher Interessenlage zu bestellen.[39] Schlussendlich hat der Gesetzgeber die Fiktion von gleichgelagerten Interessen bei mehreren Angehörigen eines Getöteten angenommen (§ 397b Abs. 1 S. 2 StPO). Ergänzend ist zu bemerken, dass die kontroverse Diskussion im Schrifttum bisher keine empirische Bestätigung für die Annahme der Beeinträchtigung der Wahrheitsfindung im Strafprozess durch die Stärkung der Verletztenrechte findet.[40]

Wie vorstehend aufgezeigt, finden sich Aspekte von Opferinteressen und ihre Begründetheit in den Zielen des Strafverfahrens, in den Gedanken der Verfassung und in den Strafzwecken. Sachlich begründet sich Opferschutz in der

---

[34] Vgl. Gräfin von Galen, 2011, S. 64 f.

[35] Vgl. Frommel, 2011b, S. 46.

[36] Frommel, 2011a, S. 46.

[37] Vgl. Frommel, 2011b, S. 109.

[38] Vgl. OLG Naumburg: Halle-Attentäter zu lebenslanger Haft verurteilt: Legal Tribune Online, 21.12.2020, https://www.lto.de/persistent/a_id/43796/ (07.03.2022).

[39] Das Gesetz zur Modernisierung des Strafverfahrens ist am 13.12.2019 in Kraft getreten, BGBl. 2019 I 2121.

[40] AK-StPO/Rössner, vor § 374 Rn. 89; vgl. Wucherer, 2021, S. 462 ff.

tatsächlichen Betroffenheit eines Menschen von einer strafrechtlich relevanten Viktimisierung und darauf beruhenden etwaigen Folgewirkungen. Ein Opferzeuge/eine Opferzeugin hat eine prozessuale Doppelstellung – zum einen im Rahmen des prozessualen Beweises, zum anderen als ein mit einer Vielzahl von Rechten versehenes Prozesssubjekt.[41] Der Schutz und die Rechte von Opferzeugen/Opferzeuginnen bewegen sich folglich in einem Spannungsfeld zu den Täterinteressen und den rechtsstaatlich zu gewährleistenden Täterrechten.

Nachfolgend soll die Entstehung von Opferrechten auf deutscher und europäischer Ebene dargelegt werden, wobei daran anknüpfend die strafprozessualen Vorschriften zum Opferschutz einer näheren Betrachtung unterzogen werden. Dabei liegt der Fokus auf den für die Betroffenen von Anschlägen relevanten Vorschriften.

4.3 Entwicklung der Opferschutzvorschriften: StPO und europäische Ebene

Bis zu den 80er Jahren des 20. Jahrhunderts standen der Täter/die Täterin und deren legitime Verteidigungsinteressen im Mittelpunkt des Strafverfahrens. Seitdem findet eine kontinuierliche Stärkung des Opferschutzes im Strafverfahren durch den deutschen Gesetzgeber statt. Die Strafprozessordnung enthält mittlerweile eine Vielzahl von Opferschutzrechten, die beständig ausgebaut werden. Die Begründung des Gesetzgebers für diese Entwicklung sowie die politische und gesellschaftliche Diskussion beziehen sich auf Opferinteressen, somit auf einen generalisierten Opferschutz, während wissenschaftliche Studien stärker zwischen Opfergruppen und Deliktsarten differenzieren.[42]

Die deutsche Gesetzgebung wird darüber hinaus durch Rechtssetzungsakte der Europäischen Union beeinflusst.[43] Dabei obliegt es den Mitgliedstaaten, nationale gesetzliche Maßnahmen zur Wirksamkeit der EU-Richtlinien innerhalb ihrer Zielrichtung zu ergreifen. Ein Mitgliedstaat darf in diesem Kontext umfassendere Rechte konstituieren, sofern die Zielrichtung der Richtlinie nicht entgegensteht.[44] Von zusätzlicher Relevanz sind die Empfehlungen des Ministerkomitees („Recommendations"), eines Organs des Europarats.[45]

---

[41] Vgl. Barton, 2012, S. 125.
[42] Vgl. Kanz, 2017, S. 237 ff.
[43] Vgl. Schöch, 2021, S. 598.
[44] BeckOK StPO/Weiner, 42. Ed. 1.1.2022, StPO § 373b Rn. 19; BT-Drs. 19/27654, S. 99.
[45] Vgl. Helmken, 2020, S. 61.

Die Strafprozessordnung vom 01.02.1877 sah bereits das Klageerzwingungs-verfahren, das Privatklageverfahren und die Nebenklage als Rechtsinstrumente vor. Das Adhäsionsverfahren kam 1943 hinzu und finanzielle Ansprüche von Straftatenopfern an den Staat wurden durch das Opferentschädigungsgesetz im Jahr 1976 ermöglicht. Schützende Verfahrensvorschriften waren für Verletzte jedoch nicht vorgesehen.[46] Einen Wendepunkt in der gesetzlichen Berücksichti-gung von Opferbelangen bedeutete das Opferschutzgesetz[47] vom 18.12.1986. Die Trennung der Nebenklage von der Privatklage ermöglichte eine formal eigenstän-dige Rolle der verletzten Person. Nebenkläger/innen sind seitdem selbstständige Prozessbeteiligte innerhalb des Strafverfahrens, wobei die Opfer schwerer Delikte mit der geänderten Nebenklage weitreichende Verfahrensrechte erhielten.[48] Ange-kündigt wurde in dem Gesetzesentwurf bereits der geplante weitere Ausbau von Verfahrensrechten für Verletzte.[49]

Durch den Rat der Europäischen Union wurde innerhalb des Rahmenbeschlus-ses von 2001[50] ein detaillierter Katalog zur Optimierung der Opferrolle innerhalb des Strafverfahrens aufgestellt. Daran anknüpfend wurde dieser mittels der Richt-linie der Europäischen Union von 2012[51] (sog. *Opferschutzrichtlinie*) novelliert, wobei eine Konkretisierung der Mindeststandards des europäischen Opferschut-zes vollzogen wurde. Das erste Opferrechtsreformgesetz vom 24.06.2004 greift die Empfehlungen aus dem vorgenannten Rahmenbeschluss vom 15.03.2001 auf, was insbesondere die Erweiterung von Informations- und Beteiligungsrechten betrifft.[52] Es folgten weitere Gesetze, durch die der Opferschutz kontinuier-lich als ein elementares Rechtsinstitut des Strafverfahrens fortgeschrieben wurde.

---

[46] Vgl. Kanz, 2017, S. 228.

[47] Gesetz zur Verbesserung der Stellung des Verletzten im Strafverfahren (Opferschutzge-setz) vom 18.12.1986, BGBl. I, 2496.

[48] Vgl. Helmken, 2020, S. 64.

[49] *„Der Gesetzentwurf verfolgt das Ziel, durch erste gesetzliche Maßnahmen die Rechts-stellung des Verletzten im Strafverfahren umfassend zu verbessern."* BT-Drucks. 10/5305, S. I.

[50] Rahmenbeschluss 2001/220/JI vom 15.03.2001 über die Stellung des Opfers im Strafver-fahren, ABl. L 82/1.

[51] Richtlinie 2012/29/EU vom 25.10.2012 über Mindeststandards für die Rechte, die Unter-stützung und den Schutz von Opfern von Straftaten sowie zur Ersetzung des Rahmenbe-schlusses 2001/220/JI, ABl. L 315/57 (sog. Opferschutzrichtlinie).

[52] Vgl. Schöch, 2021, S. 598.

Aspekte des Opferschutzes innerhalb des Strafverfahrens finden sich im Verbrechensbekämpfungsgesetz von 1994[53], im Zeugenschutzgesetz von 1998[54] sowie im Gesetz zur strafverfahrensrechtlichen Verankerung des Täter-Opfer-Ausgleichs von 1999[55]. Weitere Kodifikationen im Sinne des Opferschutzes waren das Gewaltschutzgesetz 2001[56], das vorstehend erwähnte erste Opferrechtsreformgesetz 2004[57] sowie das zweite Opferrechtsreformgesetz 2009.[58] Opferschutzrelevanz weisen ebenfalls das „Gesetz zur Bekämpfung der Zwangsheirat und zum besseren Schutz der Opfer von Zwangsheirat" 2011[59], das „Gesetz zur Stärkung der Rechte von Opfern sexuellen Missbrauchs" 2013[60] und das dritte Opferrechtsreformgesetz 2015[61] auf.

Zuletzt trat am 01.07.2021 das „Gesetz zur Fortentwicklung der Strafprozessordnung und zur Änderung weiterer Vorschriften" in Kraft[62] und führte durch die Vorschrift des § 373b StPO eine Verletztendefinition in die Strafprozessordnung ein. Die Einführung der Definition erfolgte in Umsetzung der o. g. Opferschutzrichtlinie aus dem Jahr 2012, die gemäß Art. 27 RL 2012/29/EU bis zum 16.11.2015 in nationales Recht hätte umgesetzt werden müssen. Mit Ausnahme des Verletztenbegriffes war die Umsetzung durch das dritte Opferrechtsreformgesetz erfolgt, insbesondere was weitere Auskunfts-, Informations-

---

[53] Gesetz zur Änderung des Strafgesetzbuches, der Strafprozessordnung und anderer Gesetze (Verbrechensbekämpfungsgesetz) vom 28.10.1994, BGBl. I, 3186.

[54] Gesetz zur Änderung der Strafprozessordnung und der Bundesgebührenordnung für Rechtsanwälte (Zeugenschutzgesetz) vom 30.04.1998, BGBl. I, 820.

[55] Gesetz zur strafverfahrensrechtlichen Verankerung des Täter-Opfer-Ausgleichs und zur Änderung des Gesetzes über Fernmeldeanlagen vom 20.12.1999, BGBl. I, 2491.

[56] Gesetz zur Verbesserung des zivilgerichtlichen Schutzes bei Gewalttaten und Nachstellungen. sowie zur Erleichterung der Überlassung der Ehewohnung bei Trennung (Gewaltschutzgesetz – GewSchG) vom 11.12.2001, BGBl. I, 3513.

[57] Gesetz zur Verbesserung der Rechte von Verletzten im Strafverfahren (OpferRRG) vom 24.06.2004, BGBl. I, 1354.

[58] Gesetz zur Stärkung der Rechte von Verletzten und Zeugen im Strafverfahren (2. OpferRRG) vom 29.07.2009, BGBl. I, 2280.

[59] Gesetz zur Bekämpfung der Zwangsheirat und zum besseren Schutz der Opfer von Zwangsheirat sowie zur Änderung weiterer aufenthalts- und asylrechtlicher Vorschriften vom 23.06.2011, BGBl. I, 1266.

[60] Gesetz zur Stärkung der Rechte von Opfern sexuellen Missbrauchs (StORMG) vom 26.06.2013, BGBl. I, 1805.

[61] Gesetz zur Stärkung der Opferrechte im Strafverfahren (3. OpferRRG) vom 21.12. 2015, BGBl. I, 2525.

[62] Gesetz zur Fortentwicklung der Strafprozessordnung und zur Änderung weiterer Vorschriften vom 01. 07.2021, BGBl. I, 2099.

und Benachrichtigungsansprüche betraf.[63] Die Europäische Kommission hatte Deutschland wiederum aufgefordert, eine Verletztendefinition nachzuholen.[64] Bis dahin waren die Verletztenrechte nach dem Funktionszusammenhang der Norm beurteilt worden. Aus der bisherigen Rechtsprechung[65] sind wesentliche Elemente in die neue Definition des § 373b StPO eingeflossen. Zum 01.07.20021 trat ebenfalls das Gesetz zur Bekämpfung sexualisierter Gewalt gegen Kinder in Kraft;[66] in diesem Gesetz wurde die bisherige Schutzvorschrift des § 48 Abs. 3 StPO durch § 48a StPO neu gefasst.

Neben der Opferschutzrichtlinie aus dem Jahr 2012 sind zwei weitere europäische Richtlinien für den Opferschutz relevant – die Entschädigungsrichtlinie aus dem Jahr 2004[67], die finanzielle Entschädigungen für Opfer von Straftaten enthält, und die Terrorismusrichtlinie aus dem Jahr 2017[68], die spezifische Rechte für Opfer von Terrorismus enthält.

Nach der Terrorismusrichtlinie von 2017 werden terroristische Handlungen zu den *„schwersten Verstößen gegen die universellen Werte der Menschenwürde, der Freiheit, der Gleichheit und der Solidarität sowie der Achtung der Menschenrechte und der Grundfreiheiten, auf die sich die Union gründet"*[69] gezählt. Sie stellen zudem *„einen der schwersten Angriffe auf die Grundsätze der Demokratie und der Rechtsstaatlichkeit dar, die allen Mitgliedstaaten gemein sind und die der Union zugrunde liegen"*[70]. Dabei beziehen sich die Artikel 27 bis 30 der Richtlinie auf die Opfer von Terroranschlägen. Artikel 27[71] hebt die *„besonderen Bedürfnisse"* von Terroropfern hervor und betont die Gleichstellung von Opfern und Familienangehörigen von Getöteten im Zugang zu Opferunterstützungsdiensten

---

[63] Vgl. BeckOK StPO/Weiner StPO, 42. Ed. 1.1.2022, StPO § 373b Rn. 3.

[64] Vgl. BT-Drs. 19/27654, 41.

[65] Moldenhauer in: KK-StPO, 8. Auflage 2019, § 172 Rn. 18 bis 20.

[66] Gesetz zur Bekämpfung sexualisierter Gewalt gegen Kinder vom 16.06.2021, BGBl. I, 1810.

[67] Richtlinie 2004/80/EG des Rates vom 29. April 2004 zur Entschädigung der Opfer von Straftaten (sog. *„Entschädigungsrichtlinie"*).

[68] Richtlinie (EU) 2017/541 des Europäischen Parlaments und des Rates vom 15.März 2017 zur Terrorismusbekämpfung und zur Ersetzung des Rahmenbeschlusses 2002/475/JI des Rates und zur Änderung des Beschlusses 2005/671/JI (sog. *„Richtlinie zur Terrorismusbekämpfung"*).

[69] Art. 2 Richtlinie (EU) 2017/541.

[70] Art. 2 Richtlinie (EU) 2017/541.

[71] Art. 27 Richtlinie (EU) 2017/541.

und Schutzmaßnahmen. Nach Artikel 29[72] soll eine Internetseite mit Informationen und die Errichtung eines Soforthilfezentrums sichergestellt werden.[73] In Artikel 30[74] wird die Besonderheit der grenzüberschreitenden Bedürfnisse, wenn Betroffene im Ausland wohnen, betont und auf die Langfristigkeit von Unterstützungsangeboten verwiesen.

Die Umsetzung in Deutschland betrifft jedoch weniger die strafprozessuale Ebene als vielmehr tatsächliche Maßnahmen. Die Errichtung eines *„Soforthilfezentrums"* obliegt der Polizei und wird durch das Bundeskriminalamt[75] und die Länderpolizeien in Form eines sog. *„Betroffeneninformationszentrums"* umgesetzt. Eine Internetseite, Informationen über Hilfsangebote, die grenzüberschreitende Koordinierung und das Vorhandensein einer dauerhaften Ansprechstelle erfolgt durch den Opferbeauftragten/die Opferbeauftragte der Bundesregierung in Zusammenarbeit mit den jeweiligen Länderopferbeauftragten.[76]

Weitere Relevanz auf europäischer Ebene entfaltet die Mitteilung der Kommission zur Stärkung der Opferrechte in der EU vom 18.05.2011.[77] Hier werden spezifische Opfergruppen gebildet, zu denen auch Terrorismusopfer gezählt werden: *„Terrorismusopfer stehen allerdings möglicherweise wegen der Art des Angriffs viel stärker im Blickpunkt der Öffentlichkeit und benötigen weit mehr soziale Anerkennung und respektvolle Behandlung von allen Seiten, sei es von der Justiz, den Medien oder einzelnen Personen"*[78]. Unter der Prämisse, dass bestimmte Opfergruppen durch das Strafverfahren zusätzliche Schädigungen davontragen könnten und daraus ein gesteigerter Bedarf für Schutz und Unterstützung resultiere,

---

[72] Art. 29 Richtlinie (EU) 2017/541.

[73] Darüber hinaus fordert Art. 29 Richtlinie (EU) 2017/541: *„In diesem Zusammenhang sollten die Mitgliedstaaten sicherstellen, dass die Unterstützungsdienste in erster Linie zumindest die emotionalen und psychologischen Bedürfnisse der schutzbedürftigsten Opfer des Terrorismus befriedigen und alle Opfer des Terrorismus über die Verfügbarkeit weiterer emotionaler und. psychologischer Unterstützung einschließlich Hilfe und Beratung bei der Verarbeitung traumatischer Erlebnisse informieren"*

[74] Art. 30 Richtlinie (EU) 2017/541.

[75] Vgl. https://www.bka.de/DE/UnsereAufgaben/BesondereFunktionen/KoordinierungsstelleBetreuung/koordinierungsstelleBetreuung_node.html,(08.03.2022); vgl. https://www.presseportal.de/blaulicht/pm/43563/4527222, (08.03.2022).

[76] Vgl.   https://www.bundesregierung.de/breg-de/suche/opferbeauftragter-1725186, (08.03.2022).

[77] Mitteilung der Kommission an das Europäische Parlament, den Rat, den Europäischen Wirtschafts- und Sozialausschuss und den Ausschuss der Regionen, Stärkung der Opferrechte in der EU, KOM (2011) 274 endgültig.

[78] KOM (2011) 274 endgültig, S. 8.

werden in der Mitteilung Kategorien schutzbedürftiger Opfer festgeschrieben (Kinder, Personen mit Behinderungen und Opfer von sexueller Gewalt und Menschenhandel). Diese Aufzählung ist nicht abschließend. Weitere Risikogruppen sollen anhand persönlicher Merkmale und/oder dem Wesen und der Art der Straftat zufolge identifiziert werden können. Als Exempel für die Art der Straftat wird hier Terrorismus angeführt, sodass auf europäischer Ebene für Terrorismusopfer der Status einer besonderen Schutzbedürftigkeit bejaht wird.[79]

Ferner wird die Recommendation (2006) 8 vom 14.06.2006 „*on assistance to crime victims*" relevant, da hier die Rechtsbegriffe des Opfers und der wiederholten und sekundären Viktimisierung definiert werden. Damit erfolgt erstmals die Feststellung des Personenkreises, für den Unterstützungs-, Informations- und Schutzrechte zur Anwendung kommen sollen. Partizipationsrechte am Strafverfahren werden dabei nicht benannt. Außerdem fordert die Empfehlung eine Professionalisierung der opferberatenden Berufsgruppen und sieht unter Punkt 12.3 eine spezialisierte Fortbildung u. a. in der Beratung von Terroropfern vor.[80]

Die erste Strategie der EU für Opferrechte 2020–2025 vom 24.06.2020 enthält fünf Schwerpunkte zur Optimierung des Opferschutzes. So soll die Kommunikation mit den Opfern verbessert und ein sicheres Umfeld für eine Strafanzeigenerstattung geschaffen werden. Ferner sollen der Schutz und die Unterstützung der schutzbedürftigsten Opfer verbessert werden. Weitere Punkte sind ein besserer Zugang zu Entschädigungsleistungen, eine Verstärkung der Zusammenarbeit sowie die Berücksichtigung der internationalen Dimension.[81] Hinsichtlich der Terroropfer wird die spezifische Schutzbedürftigkeit und die Herausforderungen für Opfer bei grenzüberschreitenden Situationen betont.[82] Zur Durchführung von Beratungen und Schulungen zu Opferrechten nach einem ganzheitlichen Ansatz erfolgte im Januar 2020 die Installation eines „EU-Kompetenzzentrums für Terroropfer" als Pilotprojekt.[83] Dabei enthält die Strategie die Schlussfolgerung: „*Die EU muss mehr für den Schutz der Opfer von Straftaten tun*"[84]. Es wird infolgedessen – trotz der zahlreichen opferschutzrechtlichen Änderungen in den nationalen

---

[79] KOM (2011) 274 endgültig, S. 9.

[80] Recommendation (2006) 8. Auch wenn die Empfehlungen des Ministerkomitees des Europarats normativ unverbindlich sind, fließen sie in Entscheidungen des EGMR als zu achtendes Recht ein und beeinflussen auf diesem Weg die deutsche Judikatur; vgl. Helmken, 2020, S. 61.

[81] EU-Strategie für die Rechte von Opfern (2020–2025), S. 5.

[82] EU-Strategie für die Rechte von Opfern (2020–2025), S. 13 f.

[83] EU-Strategie für die Rechte von Opfern (2020–2025), S. 15.

[84] EU-Strategie für die Rechte von Opfern (2020–2025), S. 28.

Gesetzen und Rechtssetzungsakten der europäischen Union – weiterer Handlungsbedarf gesehen. Nachfolgend soll ein systematischer Überblick über die in Deutschland geltenden strafprozessualen Opferrechte erfolgen.

4.4 Strafprozessuale Opferrechte

„Opferrechte und Opferschutz sind kein filigran bearbeiteter Gegenstand strafprozessualen Denkens."[85]
Wie bereits beschrieben und oben zitiert, mangelt an einer eindeutigen Struktur der Opferrechte in der Strafprozessordnung. Zeitlich gesehen gelten die Vorschriften zum Opferschutz und der Opferschutzgedanke für die gesamte Dauer der staatlichen Intervention, d. h. von Beginn der Ermittlungen bis zum Strafvollzug. Sie betreffen die Ermittlungsbehörden, die Justiz, ggf. weitere beteiligte Behörden und in staatlichem Auftrag tätige Privatpersonen wie Sachverständige.[86] Die jeweiligen Vorschriften des Opferschutzes orientieren sich dabei am Eingriff, wobei der prozessuale Fürsorgegrundsatz durchgehend gilt.[87]
Die unterschiedlichen Rechte von Opfern lassen sich durch die Zugehörigkeit zu bestimmten Opfergruppen ableiten: 1. *Privatklagebefugte*, 2. *(allgemeine) Verletzte*, 3. *nebenklagebefugte Verletzte* (i. S. v § 395 StPO), 4. *privilegierte nebenklagebefugte Verletzte* (gemäß § 397a Abs. 1 StPO). Innerhalb dieser Kategorien nimmt der Gesetzgeber weitere Unterscheidungen vor. So sind einige der Rechte davon abhängig, ob tatsächlich ein Anschluss als Nebenkläger/in erfolgt, während für die Wahrnehmung anderer Rechte die Möglichkeit ausreicht, zur Nebenklage befugt zu sein.[88] Dies könnte in vorliegendem Untersuchungskontext relevant werden, wenn sich die Rechte für Betroffene aus der Nebenklagebefugnis ableiten, aber eine Nebenklagezulassung mangels Hauptverhandlung wegen Tod einer beschuldigten Person nicht möglich ist. Auch innerhalb der Gruppe der privilegierten nebenklagebefugten Verletzten werden weitere Differenzierungen vorgenommen. Findet bspw. eine Hauptverhandlung statt, haben bestimmte Opfergruppen gemäß § 406 g Abs. 1 StPO das Recht auf eine psychosoziale Prozessbegleitung. Für diese Kosten müssen sie allerdings selbst aufkommen – es sei denn, sie gehören einer besonders privilegierten Opfergruppe an, für die eine

[85] Frommel, 2011 b, S. 107.
[86] Vgl. Kilchling, 2018, S. 6.
[87] Vgl. HK-GS/Rössner, 5. Aufl. 2022, Vorbemerkungen zu §§ 1 ff., Rn. 28.
[88] Vgl. Kilchling, 2018, S. 78 f.

Beiordnung der Prozessbegleitung möglich ist (§ 397a Abs. 1 Nr. 4 und 5 StPO, § 406 g Abs. 2 S. 1 StPO).[89]

Neben der Kategorisierung nach Opfergruppen ist in einzelnen Fällen eine persönliche Privilegierung auf der Grundlage einer Einzelfallprüfung realisierbar. Die relevantesten Konstellationen beziehen sich diesbezüglich auf die Normen des § 48a Abs. 1 StPO und des § 68b StPO (Zeugenbeistand).[90] Durch das 3. Opferrechtsreformgesetz[91] wurde die Vorschrift des § 48 Abs. 3 StPO (nunmehr § 48a Abs. 1 StPO) eingeführt, wonach eine Verpflichtung der Ermittlungsbehörden und Gerichte besteht, die besondere Schutzbedürftigkeit von Opferzeugen zu berücksichtigen. Diese Norm begründet jedoch kein eigenes Opferschutzrecht, sondern soll eine deklaratorische Wirkung als explizite Hinweisnorm auf die Bedeutung der Opferschutzvorschriften entfalten.[92]

Anknüpfungspunkt für die Anwendung im Einzelfall ist eine viktimologische Schutzbedürftigkeit. Damit kann den Besonderheiten des individuellen Falls Rechnung getragen werden. Kritisch beurteilt wird jedoch die damit für ein Opfer verbundene Rechtsunsicherheit in der Beurteilung, ob die Vorschriften zur Anwendung kommen. Diese Rechtsunsicherheit kann eine destabilisierende Wirkung entfalten, da Opfer durch die Erfahrungen der mit einer schweren Straftat einhergehenden Gefühle von Ohnmacht und Kontrollverlust vorbelastet sind.[93] Eine weitere Kategorisierung der strafprozessualen Opferrechte kann aufgrund ihrer Funktion wie folgt vorgenommen werden:

Informationsrechte, Schutzrechte, Beistandsrechte, und Beteiligungsrechte.

Die *Informationsrechte* sollen die Rechtswahrnehmung des Opfers gewährleisten, indem sie sicherstellen, dass die Verletzten Kenntnis der Schutz-, Beistands- und Beteiligungsrechte haben. Daher sind mit diesen Rechten auch Informationspflichten durch die Strafbehörden verknüpft. Kommen die Behörden den Hinweispflichten nicht nach, resultieren daraus keine Folgen.[94] Die Informationsrechte wurden durch das dritte Opferrechtsreformgesetz neu strukturiert und

---

[89] Vgl. Kilchling, 2018, S. 45.
[90] Vgl. Kilchling, 2018, S. 78.
[91] BT-Drucks. 18/4621. Es ist am 31.12.2015 in Kraft getreten.
[92] Vgl. Kilchling, 2018, S. 32.
[93] Vgl. Kilchling, 2018, S. 79.
[94] Vgl. Helmken, 2020, S. 245 f.

ergänzt.[95] Die *Schutzrechte* sollen wiederum eine opferschonende polizeiliche und justizielle Verfahrenspraxis garantieren. Im Ermittlungsverfahren liegt hierbei der Schwerpunkt auf einem sensiblen Umgang mit Opfern, insbesondere den besonders vulnerablen Opfern. Im Hauptverfahren sollen die Schutzrechte präventiv einer erneuten Viktimisierung, die u. a. in der erneuten persönlichen Begegnung mit dem Täter/der Täterin liegen kann, entgegenwirken. Einschlägige Vorschriften sind bspw. die Möglichkeiten zum Ausschluss der Öffentlichkeit nach § 171b Abs. 1 bis 3 GVG, die Beschränkung des Anwesenheitsrechts des Angeklagten während der Zeugenvernehmung gemäß § 247 S. 2 StPO oder die Videosimultanübertragung der Zeugenaussage nach § 247 a StPO.

Die *Beistandsrechte* ergänzen die Schutzrechte und dienen ebenfalls dem präventiven Ziel der Vermeidung einer Sekundärviktimisierung. Sie sollen einer angemessenen Anwesenheit und Beteiligung des Opfers am Verfahren Rechnung tragen und potenzielle strukturelle und persönliche Benachteiligungen ausgleichen. Gesetzlich normiert sind verschiedene Unterstützungsvarianten, wie die Begleitung durch eine private Vertrauensperson als emotionaler Beistand zu Vernehmungen nach § 406f Abs. 2 StPO oder anwaltliche Unterstützung als Zeugenbeistand bei Vernehmungen nach § 68b Abs. 1 S. 1 StPO bzw. die Vertretung durch einen anwaltlichen Verletztenbeistand im Ermittlungs- und Hauptverfahren nach § 406f Abs. 1 StPO für nichtnebenklageberechtigte Verletzte und nach § 406h Abs. 1 StPO für nebenklageberechtigte Verletzte. Darüber hinaus wurde durch das dritte Opferrechtsreformgesetz zum 1.01.2017 für bestimmte Opfergruppen das Recht auf eine psychosoziale Prozessbegleitung gemäß § 406 g Abs. 1 StPO normiert. Dieses ergänzt die privaten und juristischen Unterstützungsmöglichkeiten um eine professionelle psychosoziale Unterstützung. Die Kosten obliegen grundsätzlich den Verletzten, sofern sie nicht Prozesskostenhilfe beantragen können. Unabhängig von ihren wirtschaftlichen Verhältnissen steht vulnerablen oder schwer betroffenen Opfern in bestimmten Fällen die Möglichkeit einer Beiordnung zu, sodass für diese Opfergruppe kein Kostenrisiko entsteht. Die *Beteiligungsrechte* sollen Opfern über ihre Zeugenrolle hinaus unmittelbare Beteiligungsoptionen am Verfahren einräumen. Ein bedeutsames Instrument ist hierbei die Möglichkeit der Nebenklage nach § 395 ff. StPO.

---

[95] BT-Drucks. 18/4621, 14 f., 33 ff.; Neu hinzugefügt bzw. strukturiert wurden z. B. §§ 406i bis 406k StPO. Normiert wird hier nicht nur die Verpflichtung zur Unterrichtung über Rechte im Strafverfahren, sondern auch außerhalb des Strafverfahrens. Die Hinweispflicht erstreckt sich nicht nur auf Rechte, sondern sogar auf Unterstützungsangebote von Opferhilfeeinrichtungen § 406i Nr. 5 StPO).

Die Adhäsionsklage, durch die zivilrechtliche Ansprüche im Strafverfahren geltend gemacht werden können, und die Privatklage ermöglichen ebenfalls eine Partizipation.[96]

Insgesamt lässt sich zusammenfassen, dass sich strafprozessuale Opferrechte an Opfergruppen, der Funktion der Rechte sowie Einzelfallprüfungen bei besonderer Schutzbedürftigkeit orientieren. Kritikwürdig ist die aus dieser Komplexität resultierende Rechtsunsicherheit für psychisch schwer von einer Straftat betroffene Opfer.

---

[96] Vgl. Kilchling, 2018, S. 10 ff.

Terroristische Anschläge 5

Im Folgenden gilt es zu untersuchen, ob sich die Bedürfnisse von Terroropfern von denen anderer Kriminalitätsopfer unterscheiden und sich hieraus Folgerungen für das Strafjustizsystem ableiten lassen, bevor sodann geprüft werden kann, inwieweit die im vierten Kapitel skizzierten Opferschutzvorschriften auf Terroropfer Anwendung finden können. Zunächst soll der Begriff des Terrorismus definiert und sodann deskriptiv die Phänomenologie dieser Taten vor dem individuellen und gesellschaftlichen Hintergrund unter dem Blickwinkel viktimologischer Herausforderungen analysiert werden.

5.1 Terroristische Taten

„Terrorism is violence for effect. Terrorists choreograph violence to achieve maximum publicity. Terrorism is theater.“[1]

Der Begriff Terrorismus leitet sich aus dem Lateinischen „terrere" ab und ist mit „Schrecken, Angst und Schrecken bereitendes Geschehen" zu übersetzen. Im deutschen Sprachgebrauch wird der Begriff etwa seit 1800 verwendet und bezeichnet eine spezifische Form der politischen Gewalt gegen andere Gruppen in der Gesellschaft oder gegen staatliche Autoritäten.[2] Eine allgemeingültige Definition der Merkmale ist nicht existent. Pfahl-Traughber hat aus formalen Kriterien und Kontextaspekten folgende Arbeitsdefinition konzipiert:

„Es geht dabei um alle Formen politisch motivierter Gewaltanwendung, die von nicht-staatlichen Akteuren in systematischer Form mit dem Ziel des psychologischen

---

[1] Vgl. Jenkins, 1975.
[2] Vgl. Dienstbühl, 2019, S. 75.

© Der/die Autor(en) 2023
U. Hochstätter, *Die Fragen der Opfer im Strafprozess*, BestMasters,
https://doi.org/10.1007/978-3-658-40530-4_5

Einwirkens auf die Bevölkerung durchgeführt werden und dabei die Möglichkeit des
gewaltfreien und legalen Agierens zu diesem Zweck als Handlungsoption ausschlagen
sowie die Angemessenheit, Folgewirkung und Verhältnismäßigkeit des angewandten
Mittels ignorieren"[3].

Unter den Begriff der Akteure/Akteurinnen lassen sich sowohl Gruppen als auch einzelne Tatbegehende (sog. *„Lone-Wolfe* oder *Lone-Actor-Terroristen*") erfassen.[4]

Wie es das Eingangszitat beschreibt, beinhaltet moderner Terrorismus eine mit einer Kommunikationsstrategie versehene Selbstinszenierung der Gewalttat. Ziel der Terroristen/Terroristinnen ist ein möglichst großes Medienecho, um einerseits Angst und Schrecken in der Bevölkerung zu verbreiten und andererseits potenzielle Sympathisanten zu rekrutieren. Die Tatorte werden nach ihrem Symbolcharakter ausgewählt, um die Gewissheit der Bevölkerung, an vertrauten Orten grundsätzlich sicher zu sein, nachhaltig zu erschüttern. So soll das beeinträchtigte Sicherheitsgefühl die Bevölkerung dazu bewegen, auf die politische Führung im Sinne der Forderungen der Terroristen/Terroristinnen einzuwirken. Der Effekt der Taten hängt infolgedessen eng mit der Medienberichterstattung zusammen, Medien nehmen insoweit eine Schlüsselrolle ein.[5] Definitorisch können sich Schwierigkeiten ergeben, einen Terroranschlag von einem Amoklauf abzugrenzen, wenn ein terroristisches Motiv nicht sicher nachweisbar ist oder eine psychische Erkrankung im Sinne einer strafrechtlichen Schuldunfähigkeit konstatiert wird und möglicherweise die Motivlage überlagert.[6] Diese Einordnung hat Auswirkungen auf die finanziellen Entschädigungsleistungen und die gesellschaftliche Solidarität und Anerkennung der Opfer.[7]

Terrorismus gilt als beträchtliche Herausforderung der Gegenwart. Der Verfassungsschutzbericht für das Jahr 2020 stellt fest, dass die Bedrohungslage in Deutschland in der Pandemie zugenommen hat und benennt Rechtsextremismus und -terrorismus als größte Bedrohung für die Sicherheit in Deutschland. Die Verstärkung der Gefahr durch die Corona-Pandemie beruht darauf, dass sich Rechtsextreme die gesellschaftliche Debatte um den Prostest gegen Maßnahmen zu eigen gemacht und sich daher die Reichweite ihrer Botschaften gesteigert

---

[3] Pfahl-Traughber, 2019, S. 239 f.

[4] Zum Einzeltäterkonzept siehe Pfahl-Traughber, 2019, S. 277 f.

[5] Vgl. Bosco, 2016, S. 119 ff.

[6] Vgl. Dienstbühl, 2019, S. 85, 86 mit Bsp. zu Taten 2011 in Norwegen und 2016 in München.

[7] Siehe Abschnitt 5.4.3.

habe. Ebenfalls erhöht und damit als eine Gefahr für die Bevölkerung zu werten ist der Anstieg der Gewaltbereitschaft im Bereich Linksextremismus und Islamismus.[8] Dennoch sind terroristische Anschläge in Deutschland weiterhin ein seltenes Ereignis.[9] Die geringe Anschlagsgefahr stellt sich überproportional zur Wahrnehmung und zum Risikoempfinden in der Bevölkerung dar.[10] Die Sorge und damit verbundene Angst der Bevölkerung, Opfer eines terroristischen Anschlags zu werden, gilt in den meisten Ländern als überhöht, bspw. befürchtet mehr als die Hälfte der US-amerikanischen Bevölkerung, sie selbst oder Familienmitglieder könnten künftig betroffen sein. Dies kann zu einer Einschränkung von Aktivitäten, wie Flug- oder Überseereisen oder dem Meiden von Hochhäusern und öffentlichen Plätzen, führen.[11] Infolgedessen verankert sich das Geschehen tief im kollektiven Bewusstsein.

5.2 Die Opfer von Terrorismus

„Taking theater as a model, terrorism relies on live performers and unwitting live participants to present the experience of an imagined event, an event in which the perpetrators wield power over the victims."[12]

Bildlich ausgedrückt finden sich die Opfer somit als unfreiwillige und machtlose Darstellende in einer Theaterinszenierung wieder.[13] Dabei werden Opfer von Terrorismus nach allgemeingültiger Definition nicht als Individuum, sondern als Repräsentanten/Repräsentantinnen einer bestimmten Gruppe, etwaiger Werte oder des Staates angegriffen. Dieser Symbolcharakter hat Folgen für die sozialen und psychischen Auswirkungen des Anschlags auf das Individuum. Ein wesentlicher Schutzfaktor bei der Bewältigung eines traumatischen

---

[8] Vgl.https://www.verfassungsschutz.de/SharedDocs/publikationen/DE/verfassungsschutzberichte/2021-06-verfassungsschutzbericht-2020.pdf?__blob=publicationFile&v=8 (23.01.2022).

[9] Vgl. https://dserver.bundestag.de/btd/20/000/2000046.pdf, (23.01.2022). Hier werden u. a. die Taten in Berlin 2016, Halle 2019, Hanau 2020 und Dresden 2020 mit insgesamt 24 getöteten Menschen genannt.

[10] Vgl. Pemberton, 2010, Xi und S. 91.

[11] Vgl.https://ourworldindata.org/terrorism#which-countries-are-most-worried-about-terrorism (23.01.2022).

[12] Daniels, 2016.

[13] Das Modell bezieht sich auf den von Brian Jenkins im Jahr 1975 geprägten Begriff „Terror ist Theater": vgl. Jenkins, 1975.

Ereignisses ist die soziale Unterstützung. Im Gegensatz zu differenten Straftaten wirkt sich ein terroristischer Anschlag jedoch unter Umständen auch auf
das potenzielle Helfersystem im sozialen Umfeld aus, sodass der erforderliche
Beistand nicht oder nur eingeschränkt geleistet werden kann.[14] Angstgefühle,
beeinträchtigtes Sicherheitsempfinden und posttraumatischer Stress nach einem
Anschlag können einen weiten Kreis von Betroffenen treffen. Das Risiko für
klinische posttraumatische Folgestörungen wie eine Posttraumatische Belastungsstörung (PTBS) ist ebenfalls erhöht. Zu dem Personenkreis, der von traumatischen
Ereignissen psychisch beeinträchtigt sein kann, benennt die Literatur: Verletzte,
Hinterbliebene, Familie und Freunde/Freundinnen der Betroffenen, Augenzeu-
gen/Augenzeuginnen, Ersthelfende, Rettungs- und Ordnungskräfte, vom Tatort
berichtende Journalisten/Journalistinnen und besonders vulnerable Teile der
Bevölkerung wie psychisch Vorbelastete.[15]

Zu den betroffenen Personengruppen zählen zudem die Hinterbliebenen von
Getöteten, die über einen langen Zeitraum nicht als Opfer wahrgenommen
wurden. Nunmehr gerät auch diese Opfergruppe vermehrt in das wissenschaftliche Blickfeld; Hinterbliebene werden in der Literatur oft unter den Begriffen
„indirekte Opfer" oder *„Co-Victims"* erfasst. Die Medien porträtieren die Familienangehörigen oftmals direkt als Opfer, wenn die unmittelbaren Opfer getötet
wurden.[16] Auch in strafprozessualer Hinsicht finden Hinterbliebene, wie Eltern,
Geschwister und Lebensgefährten/Lebensgefährtinnen, durch die neue Vorschrift
des § 373b Abs. 2 StPO Berücksichtigung.

Das Modell von Zufallsopfern terroristischer Anschläge wird in der Literatur mittlerweile als kritisch betrachtet. Argomaniz und Lynch[17] bezeichnen die
Annahme von *„zufällig zur falschen Zeit am falschen Ort"*[18] als eine ungeeig-
nete Konstruktion, da infolgedessen die wiederholte Opferwerdung, die Relevanz
von sozialen Identitäten sowie der politische und soziale Kontext terroristischer
Bestrebungen außer Acht gelassen werde. Hier ist weiterer Forschungsbedarf
gegeben, da die unterbleibende oder isolierte wissenschaftliche Untersuchung der
Opfer, losgelöst von Tat und Täter, das Phänomen des Terrorismus, der sich gegen
den Staat richtet, nicht ausreichend erfassen kann.

---

[14] Vgl. RAN Centre of Excellence, 2018.

[15] Vgl. „Trichtermodell der psychischen Beanspruchung nach einem traumatischen Ereignis" in Kröger, 2021, S. 25.

[16] Vgl. Pugach et al., 2017, S. 16.

[17] Vgl. Argomaniz/Lynch, 2017, S. 491 ff.

[18] Argomaniz/Lynch, 2017, S. 492.

5.3 Die Herausforderungen am Tatort

Die Lage eines Anschlagsgeschehens ist selbst für erfahrene Einsatzkräfte aus Polizei und Rettungswesen zunächst unübersichtlich. Es fehlt Erfahrungswissen angesichts der – noch überschaubaren – Anzahl der Anschläge in Europa. Zudem entfaltet jedes Anschlagsgeschehen seine eigene Dynamik, auf die eine Vorbereitung folglich nur eingeschränkt möglich ist.[19] Die Versorgung beginnt stets unter dem Risiko eines „second hit". Dieses Risiko wurde bspw. bei den Anschlägen am 11.03.2004 in Madrid deutlich, als im morgendlichen Berufsverkehr in vollbesetzten Pendlerzügen zeitgleich zehn Bomben detonierten und drei weitere, die zeitversetzt zünden und Polizei und Rettungskräfte treffen sollten, noch rechtzeitig entschärft werden konnten.[20]

Die Polizei sieht sich ebenfalls mit erheblichen Herausforderungen konfrontiert. Schmidt und Matzdorf[21] führen folgende Aufgaben der polizeilichen Erstintervention bei Anschlägen an: zum einen die Gefahrenabwehr, zum anderen die Rettung von Verletzten und Bergung von Getöteten. Daneben gilt es, eine Zusammenarbeit mit Rettungskräften und Unterstützungsangeboten herzustellen, ggf. Verkehrsmaßnahmen zu veranlassen, den vorgeschriebenen Informations- und Meldepflichten nachzukommen, Schaulustige aus dem betroffenen Gebiet fernzuhalten sowie ggf. auf Anfragen von Medienschaffenden vor Ort zu reagieren und die weiteren Ermittlungsmaßnahmen vorzubereiten und zu sichern. Es entsteht daher eine Situation, in der Gefahrenabwehr, Eigensicherung und Beweissicherung parallel erfolgen sollten, jedoch – stets an die Situation angepasst – Priorisierungsentscheidungen getroffen werden müssen.

Zunächst mag auch nicht feststehen, ob es sich um ein umfangreiches Unfallgeschehen oder einen Anschlag handelt. Fest steht nur, dass eine hohe Anzahl von Menschen betroffen ist. Die Gemengelage des polizeilichen Erstinterventionshandelns fassen Schmidt und Matzdorf wie folgt zusammen: *„Die Erstinterventionskräfte handeln in einer unklaren Situation mit dem priorisierten Auftrag, Leib und Leben von Menschen vor (weiteren) Gefahren zu schützen"*[22].

---

[19] Barcelona verfügte zum Zeitpunkt des Anschlags auf den Ramblas im Jahr 2017 über einen multidisziplinären Plan für Großschadenslagen, dessen Begrenzungen im Laufe des An-schlagsereignisses deutlich wurden.
Zur Evaluation: vgl. Porcar Becker/Cosalls Pueyo, 2018, S. 86 ff.

[20] Vgl. Zurek et al., 2018, S. 75.

[21] Vgl. Schmidt/Matzdorf, 2021, S. 588.

[22] Schmidt/Matzdorf, 2021, S. 588.

Die Notfallmedizin sieht sich gleichfalls vor etliche Herausforderungen
gestellt, um die Menschen retten zu können. Einsatzkräfte müssen für die Gefah-
renlage ein entsprechendes Situationsbewusstsein entwickeln. Verletzungsmuster,
-schwere und der Massenanfall von Verletzten können besondere medizinische
Kenntnisse oder Triage-Entscheidungen erfordern. Es bedarf daher einer ausreichenden medizinischen Infrastruktur der umliegenden Krankenhäuser. Wesentlich
ist das zügige Funktionieren des Informationserhalts und der -gabe, um die
Behandlungskapazität effektiv auszuschöpfen und sachgemäß darüber entscheiden zu können, welche/r Verletzte in welches Krankenhaus eingeliefert wird.
Belastungsfaktoren entstehen somit auf Seiten der medizinischen Helfenden und
der zu versorgenden Verletzten.[23]

Eine weitere Herausforderung geht mit der Angst und den lebensbedrohli-
chen Umständen einher, denen Betroffene möglicherweise für mehrere Stunden
ausgesetzt sind und die zu einer PTBS führen können. Ein praxisnahes Beispiel
ist der Anschlag am 17.08.2017 in Barcelona, bei dem mittels eines Lieferwa-
gens auf dem Boulevard Ramblas 13 Menschen getötet und 108 verletzt wurden.
Obwohl die Stadt Barcelona auf einen Anschlag vorbereitet war, dauerte es vier
bis fünf Stunden, bis geklärt war, dass es sich um einen Einzeltäter handelte,
sich im Lieferwagen kein Sprengstoff befand und in der Stadt nicht mit weiteren
Anschlägen zu rechnen war. Der Krisenstab hatte entschieden, dass Menschen
ihre Aufenthaltsorte, wie Läden, Restaurants und Wohnungen, nicht verlassen
durften; in der Innenstadt herrschte Panik. Die Betroffenen nahmen die Gefahr
wahr, ohne zu wissen, von wem oder was diese ausging und wie sie sich hätten
schützen können.[24] Ein solches Erleben ist – analog zu der originären Straftat –
ebenfalls verbunden mit Kontrollverlust, Ohnmacht und einer Erschütterung des
Sicherheitsgefühls.

In der ersten Phase nach einem Anschlag ist das grundsätzliche Bedürfnis
der unmittelbar Betroffenen auf die Notfallversorgung ausgerichtet. Überlebende
benötigen zu Beginn die Gewissheit, sich in Sicherheit außerhalb der Gefahren-
zone zu befinden sowie Essen, Trinken und ggf. medizinische und psychologische
Notfallversorgung. Eine längerfristige therapeutische Intervention findet noch

---

[23] Vgl. Hauer et al., 2018, S. 276; Der Aufsatz liefert eine anschauliche Fallstudie über die
Herausforderungen der medizinischen Versorgung nach dem Anschlag auf dem Breitscheidplatz in Berlin am 19.12.2016.
[24] Vgl. Porcar Becker/Delfi Cosalls, 2018, S. 85 f.

nicht statt, jedoch wird empfohlen, bei Bedarf ggf. Psychoedukation über nach-folgende mögliche ‚normale‘ Reaktionen, Informationen über hilfreiches Gesun-derhaltungsverhalten sowie weiterführende psychologische Hilfe zu geben.[25] In Deutschland übernimmt diese Aufgaben in der Regel ein Betroffeneninformati-onszentrum der Länderpolizeien in Kooperation mit der Koordinierungsstelle zur Betreuung Betroffener von Terroranschlägen (KoBe)[26]. Dieser Einsatzabschnitt wird vor Ort, jedoch nicht in unmittelbarer Tatortnähe, errichtet.

Wie vorstehend aufgeführt, kann es jedoch für die Betroffenen zu einer über den Anschlag hinaus belastenden Situation kommen, wenn durch die Gefahr eines ‚second-hit‘ die Grundbedürfnisse von Sicherheit und Versorgung über Stunden nicht gewährleistet sind, weil die Ersthelfenden die Betroffenen nicht erreichen können, ohne sich selbst in Gefahr zu begeben. Dies stellt eine Besonderheit bei Terroranschlägen dar, auch wenn das Phänomen, über einen längeren Zeitraum einer Gefahrensituation ausgesetzt zu sein, ebenso bei anderen Deliktsbereichen vorkommen kann wie Entführung, häusliche Gewalt oder Stalking. In letzteren Fällen ist das Helfersystem jedoch nicht gleichzeitig vom Ereignis belastet und steht den Betroffenen zur Verfügung.

Vorstehende Ausführungen zu Tat, Opfern und Tatort weisen etliche Beson-derheiten im Gegensatz zu allgemeinen Straftaten auf, die eine Verknüpfung von individuellem mit gesellschaftlichem Trauma nahelegen. Die Auswirkun-gen einer potenziellen gesellschaftlich-individuellen Wechselwirkung sollen daher anhand der Aspekte der politischen und medialen Aufmerksamkeit sowie der gesellschaftlichen und individuellen Perspektive näher betrachtet werden.

5.4 Formen und Wirkungen der unterschiedlichen Interessenlagen

5.4.1 Politischer Kontext

Opfer von Terrorismus haben eine pars-pro-toto-Funktion, somit eine Stellvertre-terfunktion, in der Gesellschaft. Die Gesellschaft reagiert demzufolge nach einem Anschlag mit Angst und Verbrechensfurcht. Der von Medien beeinflusste Diskurs über die Angst führt daher zu der Annahme in der Gesellschaft, das Alltagsle-ben sei gefährlich und beängstigend, voller potenzieller Opfer und bedürfe des

---

[25] Vgl. Pemberton, 2010, S. 76; Hobfoll et al., 2007, S. 283 ff.

[26] Vgl. https://www.bka.de/DE/UnsereAufgaben/BesondereFunktionen/Koordinierungsstel leBetreuung/koordinierungsstelleBetreuung_node.html, (23.01.2022).

Schutzes und der Intervention. Daraus folgt eine Politik der Angst. Prominentes Bespiel sind die US-Militäraktionen gegen den Irak nach den Anschlägen vom 11.09.2001. Die politische Intervention wurde durch die Fehlinformationen gerechtfertigt, wonach der Irak mit den Attentätern der Al-Qaeda in Verbindung zu bringen sei und über Massenvernichtungswaffen verfüge.[27]

Lehnte der damalige Bundeskanzler Helmut Kohl 1992 nach dem Brandanschlag von Mölln zum Leidwesen der Hinterbliebenen eine Teilnahme an der Trauerfeier durch seinen Pressesprecher als „Beileidstourismus" ab[28], so sind bei Anschlägen aus jüngster Zeit, wie in Berlin, Halle oder Hanau, Gedenkgottesdienste, Jahrestage o. ä. ohne hochrangige politische Repräsentanten/Repräsentantinnen nicht mehr denkbar. Die Anteilnahme am Leid der unmittelbar Betroffenen durch die Politik ist gleichzeitig als Reaktion auf die empörte Öffentlichkeit zu werten, die nachfolgend durch neue Gesetze, Strafverschärfungen, z. B. im Waffenrecht, oder durch sonstige Schutzmaßnahmen geschützt werden soll. Garland fasst diesen Umstand wie folgt zusammen: „Der neue politische Imperativ lautet, dass Opfer geschützt, ihre Stimmen gehört, ihr Andenken geehrt, ihr Zorn zum Ausdruck gebracht, ihre Ängste ernst genommen werden müssen"[29].

Aus Opferperspektive scheint dagegen zunächst nichts vorzubringen zu sein. Eine Gefahr könnte jedoch darin liegen, dass Opfer die Hoheit über ihre private Tragödie verlieren, da diese von einer breiten Öffentlichkeit mit ihren Ängsten und Interessen beansprucht wird.[30] Treten Betroffene bei öffentlichen Veranstaltungen oder in Talk-Shows, ggf. auch zusammen mit Politikern/Politikerinnen auf, werden ihre leidvollen Erfahrungen potenziell in einer instrumentalisierenden Form benutzt, um übergeordnete Themen wie Rechtsextremismus, Menschenrechte, Demokratie o. ä. zu diskutieren. Die Abkehr von der individuellen Ebene mag sich für Betroffene als dem Wohlbefinden abträglich erweisen, insbesondere wenn die durch das traumatische Ereignis hervorgerufenen intensiven Gefühle von Wut, Trauer und Schmerz noch fortbestehen.[31] Gestützt wird diese Annahme durch die Studie von Treibel et al., wonach Opfer terroristischer Anschläge das Bedürfnis schildern, einerseits selbst politisch aktiv zu werden und andererseits befürchten, politisch instrumentalisiert zu werden.[32]

---

[27] Vgl. Altheide, 2006, S. 423.

[28] Vgl. Süddeutsche Zeitung Magazin, Narben der Gesellschaft, Nummer 40, 8.10. 2021, S. 14.

[29] Garland, 2016, S. 361.

[30] Vgl. O'Leary, 2021, S. 188: Im Original prägnanter: "...a loss of ownership for many of those involved when a private tragedy comes to be owned by the wider public...".

[31] RAN Centre of Excellence, 2018, S. 18.

[32] Treibel et al., 2013, S. 34 f.

Es finden sich jedoch auch Hinweise, dass sich eine Instrumentalisierung umgekehrt gegen die Politik bzw. einzelne Politiker/innen richten kann. Nach dem Anschlag von Utøya hatte der damalige norwegische Ministerpräsident eine Vorbildfunktion: Er trat als *„Führungsperson aller Bürger"*[33] auf und hielt *„die Nation zusammen"*[34]. Nachdem eine Untersuchungskommission für die Akutphase nach dem Anschlag Mängel in der Kommunikation und bei Polizei und Sicherheitsbehörden festgestellt hatte, wurde der Ministerpräsident zur Projektionsfigur. Ihm wurde die Verantwortung für alles, was nicht funktioniert hatte, stellvertretend zugeschrieben. Ein Erklärungsansatz für die ‚Sündenbockfunktion' wird in dem Bestreben der Bevölkerung nach dem Rückgewinn von Balance gesehen. Infolgedessen wird die Demokratie getestet: Strukturen funktionieren in Friedenszeiten. Sofern auch in Krisenzeiten die Würde des Menschen und Gerechtigkeit als Werte funktionieren, wird eine Demokratie Wut und Verärgerung der Bevölkerung aushalten.[35] Diese Hypothese überzeugt insbesondere vor dem Hintergrund, dass der Staat einen terroristischen Anschlag nicht verhindern konnte und das Sicherheitsgefühl der Bevölkerung nachhaltig erschüttert ist. Werden nachfolgend Defizite bei Sicherheitsbehörden bekannt, können weitere Verantwortung tragende Personen festgestellt und damit die schwer aushaltbare Unvorhersehbarkeit des Gesamtgeschehens reduziert werden.[36] Bemerkenswert ist hierbei, dass die Bevölkerung nach Anschlägen analoge Reaktionsformen wie Einzelopfer zu zeigen scheint: hohe Emotionslevel von Wut und Ärger, ein erheblicher Mitteilungsbedarf und die Suche nach Wiederherstellung des durch die Straftat eingetreten Kontrollverlustes, nach der Wahrheit und dem *Warum*. Empfehlenswert wäre weitere Forschung, ob sich diese Dynamiken auch bei differenten politisch motivierten Anschlägen nachweisen lassen.[37]

---

[33] Grønvold Bugge, 2021, S. 63.

[34] Grønvold Bugge, 2021, S. 63.

[35] Vgl. Grønvold Bugge, 2021, S. 64.

[36] Siehe Abschnitt 2.5.2

[37] *Hinsichtlich des Anschlags von Hanau gibt es ähnliche Indizien: Versäumnisse und Wut werden auf den Hessischen Ministerpräsidenten projiziert. Ein Element zeigt sich in der öffentlichen Titulierung als „Joghurtmann", zunächst vom Spiegel Magazin gedruckt und dann von Aktivisten/Aktivistinnen und der Bevölkerung aufgenommen und über soziale Medien weiterverbreitet.* Vgl. https://www.spiegel.de/panorama/gesellschaft/die-hanau-protokolle-ueberlebende-des-attentats-berichten-ueber-ihre-entfremdung-von-deutschland-a-00000000-0002-0001-0000-000175304177 (im Kapitel Heimat); https://www.migazin.de/2021/02/18/niemals-ein-jahr-anschlag-hanau/; https://19feb-hanau.org/die-zeit-nach-hanau/ (22.03.2022).

5.4.2   Mediale Wirkungen und Erwartungen

„Terrorereignisse sind Medienereignisse. "[38]
Terrorismus beinhaltet eine Kommunikationsstrategie und Terroris-
ten/Terroristinnen kommunizieren ihre Taten oftmals in Echtzeit über neue
Medien.[39] Dabei handelt es sich um Ereignisse mit einem hohen Nachrichtenwert, wobei Massenmedien auf eine möglichst schnelle aktuelle Berichterstattung
abzielen, die zunächst zulasten der journalistischen Sorgfaltspflicht ausfallen
kann.[40] Grundsätzlich soll die mediale Verbreitung aus Tätersicht das Wirkpoten-
zial des Anschlags vervielfachen. Im Zuge dessen gilt es, Angst und Schrecken
in der Bevölkerung auszulösen, mögliche Sympathisanten anzusprechen sowie
Nachahmungseffekte zu produzieren. Der Selbstinszenierung der Täter/Täterinnen
mit der Absicht, als Heldenfiguren dargestellt zu werden, wird der psychologische Effekt der Selbstwerterhöhung zugesprochen.[41] Gegenwärtige Studien
offenbaren eine Verknüpfung der medialen Aufmerksamkeit mit der Anzahl der
Getöteten. Der Anschlag bleibt umso länger auf der Agenda der Medien und
wird öfter auf der ersten Seite einer Zeitung publiziert, je mehr Menschen getötet
wurden.[42] Der Umfang der Berichterstattung erhöht sich ebenfalls – gemessen an der Anzahl von Artikeln und Wörtern – entsprechend der Anzahl der
ermordeten Menschen.[43] Die Berichterstattung über die Betroffenen terroristischer Anschläge fungiert allerdings ebenfalls als Ereignis mit Nachrichtenwert.
Leuschner, Sommer und Neumann führen diesen Nachrichtenwert darauf zurück,
dass *„das mediale Publikum aufgrund der eigenen kollektiven Viktimisierung und
der Stellvertreterfunktion der Betroffenen an deren Schicksal interessiert ist."*[44]

Diese mediale Aufmerksamkeit ist für die meisten Betroffenen von Gewalt-
straftaten unerwünscht und stressbelastet. Es gibt bisher kaum Studien zum
Zusammenhang von Medienkonsum von Straftatopfern und dem Entstehen
oder Verstärken einer durch die Straftat hervorgerufenen psychischen Erkrankung.
Eine Studie demonstriert, dass sich bei Opfern von Straftaten die Symptome

---

[38] Vgl. Lichtenstein, 2020.

[39] Der Attentäter von Halle streamte seine Taten live ins Internet. vgl. https://www.tagess
chau.de/inland/gesellschaft/halle-prozess-vor-urteil-101.html, (26.01.2022).

[40] Vgl.   https://www.ndr.de/fernsehen/sendungen/zapp/Statement-der-Bild-zur-Kritik-an-
Hanau-Berichterstattung,hanau144.html (26.01.2022).

[41] Vgl. Hoffmann, 2016, S. 110.

[42] Vgl. Dahmen, 2018, S. 176.

[43] Vgl. Schildkraut et al., 2017, S. 223.

[44] Leuschner et al., 2020, S. 234.

einer bestehenden posttraumatischen Belastungsreaktion durch den Konsum von Medienberichten verstärken könnten, insbesondere bei negativer Tendenz der Berichte.[45] Folglich liegt nahe, dass die intensive Berichterstattung bei Terroranschlägen einen Risikofaktor für eine Traumatisierung von Betroffenen darstellen kann, indem diese wiederholt mit Bildern und Erinnerungen des traumatischen Ursprungsereignisses konfrontiert werden.[46] Die voreilige und spekulierende Berichterstattung kann ebenfalls zu weiterer Viktimisierung bei Zeugen/Zeuginnen und Hinterbliebenen führen. Über den rechtsextremistisch motivierten Anschlag von Hanau am 19.02.2020 wurde bspw. in der Tatnacht zunächst als Milieustraftat im Zusammenhang mit Drogen berichtet.[47] Aus diesen Gründen leitet sich ein Bedürfnis der Betroffenen eines Terroranschlags nach Schutz vor den Medien und ihrer Privatsphäre ab. Dieses Verlangen kann jedoch nicht allgemein gelten, da es auch Betroffene gibt, die aktiv die Medienaufmerksamkeit suchen.

Medienberichte können andererseits durchaus positive Effekte hervorrufen. Soziale Unterstützung und Solidarität mit den Opfern sind wesentliche Faktoren, um die Resilienz der Betroffenen zu stärken. Sensible und opferfokussierte Berichterstattung kann diesen Effekt der Solidarität in der Bevölkerung bewirken oder verstärken. Ein kollektives Schuldgefühl in der betroffenen Stadt nach der Tat reduziert sich durch solidarisches Verhalten, was sich positiv für die Bevölkerung und die Betroffenen auswirken kann. Wird die Berichterstattung lediglich in einen tragischen Rahmen gesetzt, ohne die Opfer und die Bewohner/innen der betroffenen Stadt in den Fokus zu nehmen, wird allenfalls das diffuse Gefühl einer kollektiven Schuld an der Tat potenziert, was dem Gefühl, Solidarität mit den Betroffenen zu entwickeln, abträglich ist.[48]

Für Hinterbliebene von Mordopfern liegen nach einer israelischen Studie einer Kooperation mit den Medien mehrere Motive zugrunde. Die Hinterbliebenen möchten zum einen die Würde und die Reputation der Ermordeten schützen und erhoffen sich zum anderen, die Entscheidung der Strafgerichte indirekt mithilfe der Medien zu beeinflussen. Im Ergebnis klagten die Teilnehmer/innen der Studie jedoch über eine unsensible Behandlung, die sie am Trauern gehindert und ihren

---

[45] Vgl. Maercker/Mehr, 2006, S. 137.

[46] Vgl. Pemberton, 2010, S. 105 f.

[47] Vgl. https://www.ndr.de/fernsehen/sendungen/zapp/Statement-der-Bild-zur-Kritik-an-Hanau-Berichterstattung,hanau144.html (26.01.2022).

[48] Vgl. Hawdon et al., 2012, S. 18 ff.

Stress vergrößert habe. Ihre Bitten, in vollem Umfang angehört zu werden, seien dabei ignoriert worden.[49]

Festhalten lässt sich, dass die intensive Medienberichterstattung nach Anschlägen für Opfer auf der individuellen Ebene weitere Viktimisierungserfahrungen beinhalten, aber auch als ein Element der für die Salutogenese erforderlichen Solidarität durch die Gesellschaft fungieren kann. Wird das grundsätzliche Bedürfnis der Opfer, als Mittel ihrer Traumabewältigung ihre Geschichte zu erzählen, an die Medien adressiert, wird diese Erwartung aufgrund der Rolle und den kommerziellen Interessen der Medien, nicht im gewünschten Umfang erfüllt werden.

5.4.3   Gesellschaftliche Wirkungen

„In the early twenty-first century, criminal victimisation is everywhere. From high-definition videos of the latest terrorist atrocities beamed into our homes, our phones and our laptops by 24-hour news networks to the bite-size, personal, accounts from victims of crime, their families and their supporters appearing on our social media feeds."[50]

In einer mediatisierten Gesellschaft entfalten kriminelle Opferwerdungsprozesse eine erhebliche Reichweite. Die daraus folgenden Solidaritätsbekundungen mit Opfern sind ubiquitär in der modernen Gesellschaft und ihrem Zugang zu sozialen Medien geworden. Es war noch nie derart einfach, sich persönlich mit Opfern und Viktimisierungserscheinungen verbunden zu fühlen.[51] Dabei sind klinische Begriffe, wie ‚posttraumatischer Stress' und ‚Trauma', in das öffentliche Blickfeld gerückt. Daraus entwickeln sich öffentliche Diskurse, wie mit Opfern umgegangen werden sollte und was diese vom Strafjustizsystem erwarten dürfen.[52] Wie bereits dargestellt wurde, greifen Politik und Regierung beinahe aller Industriestaaten diese gesellschaftliche Debatte fortwährend auf und versprechen (potenziellen) Wählern/Wählerinnen Veränderungen im Justizsystem, um Erwartungen von Kriminalitätsopfern gerecht zu werden. Dieses politische und öffentliche Interesse befördert parallel eine Entwicklung, wonach eine Vielzahl unterschiedlicher Akteure/Akteurinnen, Organisationen, Interessengruppen

---

[49] Vgl. Pugach et al., 2018, S. 16.

[50] Hall, 2017, S. 1.

[51] Nach Anschlägen in Paris und Hanau erfolgten Solidaritätsbezeugungen bspw. unter den Hashtags *#je suis charlie* bzw. *#say their names.*

[52] Vgl. Hall, 2017, S. 2 f.

und Individuen, ob mit oder ohne offiziellen Auftrag im Opferschutz, sich der Sache der Opfer annehmen möchten. Die vorgenannten ‚Player' agieren im Kontext ihrer individuellen Ziele und Wertvorstellungen, um Einfluss auf politische Entscheidungen zu nehmen, bspw. zu rechtlichen Veränderungen oder für finanzielle Hilfen für Opfer. Diese Aktivitäten werden kommuniziert und erneut in den vorgenannten gesellschaftlichen Diskurs eingebracht. Das Strafjustizsystem gerät diesbezüglich ebenfalls unter steigenden Druck, Opfern und ihren Unterstützer/innen mehr Serviceleistungen und Teilhabe anzubieten.[53] Problematisch an den vorgenannten ‚Playern', die Opfer von Terrorismus unterstützen, kann ein unprofessioneller Umgang mit den Opfern sein. Wird in diesem Zuge nicht der Gesunderhaltungsprozess gefördert, sondern das Opferwerden pathologisiert, können Betroffene in einen Dauerversorgungsmodus und in Abhängigkeiten geführt werden. Diese Dauerversorgung der Opfer sichert den Interessengruppen wiederum die (öffentliche) Finanzierung ihrer Tätigkeit.[54] Für die Betroffenen resultiert aus dem Dauerkrisenmodus ein Verharren in der durch die Straftat ausgelösten Ohnmacht und Handlungsunfähigkeit.

Dabei kann auf den Überlebenden und Hinterbliebenen eines terroristischen Anschlags ohnehin bereits ein enormer Druck lasten, wenn eine Gesellschaft die Resilienz oder die Stärke des Landes an der persönlichen Genesung der Opfer misst. Dabei wird den Opfern die Verantwortung für den Zeitpunkt zugeschrieben, an dem sich die Gesellschaft erlaubt, wieder nach vorne zu schauen.[55] Sind in der Anfangsphase eines traumatischen Ereignisses die Solidarität und Hilfsbereitschaft der Bevölkerung ausgeprägt vorhanden, lassen diese im Laufe der Zeit nach. Folglich setzt *Mitleidsmüdigkeit* ein: Die Gesellschaft möchte zurück zur Normalität, da die fortdauernde Konfrontation mit dem Trauma der Anderen das Risiko der eigenen Traumatisierung, dem sog. Helfertrauma, beinhaltet.[56]

Theoretische Modelle zu den unterschiedlichen Phasen einer Katastrophe, bspw. das Modell nach Zunin und Meyers[57], sprechen sogar von einer „Honeymoon"-Phase bis zu einem Jahr für Betroffene und die helfende Gemeinschaft. Ein kritischer Zeitpunkt kann in der darauffolgenden „Desillusionierungs-Phase" liegen. Im Zuge dessen zeigt sich bei Helfenden und Betroffenen die

---

[53] Vgl. Hall, 2017, ebd.

[54] Altheide bezeichnet diese Interessengruppen im Kontext von Terrorismus und einer erzeugten Politik der Angst als „Moral Entrepreneurs"; vgl. Altheide, 2006, S. 434.

[55] Vgl. Argomaniz/Lynch, 2017, S. 492.

[56] Vgl. Maercker, 2019, S. 39.

[57] Vgl. https://region4bhs.org/Portals/0/Stages%20of%20Disaster%20NE%20Strong%20F lyer%202.pdf?ver=2019-09-11-102019-690, (28.01.2021).

Erschöpfung, weswegen Helfende in ihre Normalität zurückkehren möchten. Betroffene sind jedoch noch nicht in der Lage, ihr altes Leben erneut aufzunehmen. Fällt diese Phase mit dem Zeitpunkt einer Anklageerhebung, der Einstellung des Ermittlungsverfahrens oder dem Beginn einer Hauptverhandlung[58] zusammen, könnte sich ein psychisches Belastungserleben kumulieren.

Ferner ist eine gesellschaftliche Verpflichtung des Staates zu erwähnen, die in Deutschland aus dem Sozialstaatsprinzip nach Art. 20 Abs. 1 GG abgeleitet wird.[59] Danach werden Opfer von terroristischen und extremistischen Taten zum einen durch finanzielle Leistungen und zum anderen mit dauerhaft angelegten koordinierenden Strukturen durch eine/n Bundesopferbeauftragte/n und eine Geschäftsstelle im BMJ unterstützt.[60] Im Folgenden soll untersucht werden, wie sich ein Anschlagsereignis auf das Individuum auswirkt.

5.4.4 Individuelle Folgen

Opfer eines Anschlags zu werden ist ein traumatisches Ereignis.[61] Dieses hinterlässt Spuren bei den Betroffenen, diesen nahestehenden Personen oder bei den Hinterbliebenen der Getöteten. Die Folgen für diesen Personenkreis können physischer, psychischer oder finanzieller Art sein. Als psychosoziale Konsequenzen nennt die Literatur erhöhte Ängstlichkeit mit Panikattacken, Schreckreaktionen, phobische Ängste, depressive Verstimmungen, Vermeidungsverhalten, Selbstwertveränderungen, spontane blitzlichtartige Erinnerungen, Albträume und nächtliches Hochschrecken. Darüber hinaus sind kognitive Beeinträchtigungen

---

[58] Bsp.: der Strafprozess bzgl. des Anschlags in Halle vom 09.10.2019 begann 9 ½ Monate nach der Tat am 21.07.2020; https://www.mdr.de/nachrichten/sachsen-anhalt/halle/halle/anschlag-schuesse-synagoge-ueberblick-prozessbeginn-attentaeter100.html (05.04.2022).

[59] Richtlinie zur Zahlung von Härteleistungen für Opfer terroristischer und extremistischer Taten aus dem Bundeshaushalt (Kapitel 0718 Titel 681 02 und 681 01) vom 19. August 2021, vgl. Bundesamt für Justiz.

[60] https://www.bmj.de/DE/Themen/OpferschutzUndGewaltpraevention/Opferbeauftragter/Opferbeauftragter_node.html (28.01.2022).

[61] *In Anlehnung an die medizinischen Klassifikationen nach ICD-11 und DSM-5 steht im Mittelpunkt eines traumatischen Ereignisses eine Todeskonfrontation oder eine andere extreme Gefahrensituation. Kritische Lebensereignisse wie Trennung oder Arbeitsplatzverlust fallen nicht darunter. Die Traumaexposition kann dabei in direkter Erfahrung, persönlicher Zeugenschaft oder Erfahren von dem gewaltsamen Ereignis in der nahen Familie bestehen;* vgl. Maercker, 2019, S. 15 f.

wie Konzentrationsschwierigkeiten und Leistungsbeeinträchtigungen möglich.[62] Mittel- und langfristig kann es zu Traumafolgestörungen wie der PTBS bzw. zu Alkohol- und Medikamentenmissbrauch kommen. Auch Jahre nach dem Anschlag können Suizidgedanken oder -versuche auftreten. In den ersten Wochen nach dem traumatischen Ereignis ist angesichts der starken Anspannung noch keine Trauma- und Trauerarbeit möglich. Körper und Psyche schalten in ein Überlebensprogramm. Die Bedürfnisse orientieren sich an Halt, Sicherheit, Ruhe und Normalität, wobei der letzte Aspekt nicht erfüllt werden kann.[63] Bei Betroffenen von Anschlägen sind starke Emotionen und Affekte, wie Wut, Ärger, Angst, Verzweiflung oder Fassungslosigkeit, realistisch. Diese können lange fortbestehen, sind jedoch keine pathologischen, sondern zunächst konventionelle Stress- und Krisensymptome.[64]

Überlebende eines Anschlags, bei dem Menschen getötet wurden, entwickeln häufig Schuldgefühle („*survivor guilt*"), insbesondere, wenn sie Augenzeugen/Augenzeuginnen waren, jedoch selbst nicht körperlich verletzt wurden. Für Hinterbliebene von Mordopfern werden in Studien intensive, nicht nachlassende Gefühle und Verhaltensänderungen, bspw. Wut, Schuld und das Beschuldigen von Anderen, berichtet. Diese Wut kann sich in Rachefantasien äußern, nicht nur gegenüber dem Mörder/der Mörderin, sondern auch gegenüber der Gesellschaft oder nahestehenden Menschen, die das Opfer vermeintlich nicht ausreichend geschützt haben. Diese feindseligen Gefühle können verdrängt und durch das Beschuldigen und Verantwortlichmachen von Anderen ersetzt werden, bspw. Politiker/Politikerinnen, die liberale Waffengesetze unterstützen.[65]

Die Verarbeitung eines traumatischen Ereignisses sowie die Regulation von Emotionen und Stress erfolgen individuell. Der überwiegende Teil der Betroffenen bewältigt ein Anschlagsgeschehen letztlich ohne klinische Traumafolgestörungen. Trotz der grundsätzlichen Resilienz besteht für Betroffene terroristischer Anschläge ein statistisch erhöhtes Risiko, an einer PTBS zu erkranken als für

---

[62] Vgl. Greve, 2008, S. 189 f.

[63] Vgl. Weber/Kirmes, 2018, S. 41.

[64] Vgl. Leuschner et al., 2020, S. 238.

[65] Vgl. Connolly/Gordon, 2014, S. 498.

Betroffene anderer Straftaten oder Opfer von Naturereignissen.[66] Tritt infolgedessen eine PTBS auf, können die Symptome eine erheblich über dem Durchschnitt liegende Ausprägung aufweisen.[67]

Es ist noch nicht ausreichend erforscht, welche Regulations- und Bewältigungsprozesse ursächlich für die Gesunderhaltung und Resilienz sind. Dazu bestehen mehrere ätiologische Rahmenmodelle. Das multifaktorielle Rahmenmodell nach Maercker bspw. stellt auf die prädeliktischen Bedingungen des Opfers, die Tat und das postdeliktische Geschehen (individuelle Ressourcen und soziale Unterstützung) ab.[68] Die Folgen potenziell traumatischer Ereignisse sind klinisch somit effektiv untersucht. Es mangelt jedoch an ausreichender empirischer Forschung zu den psychosozialen Folgen und deren Bewältigung, zu denen auch die spezifische Frage nach den Bedürfnissen zu rechnen ist.[69] Ebenso existiert bisher, insbesondere im deutschsprachigen Raum, keine Forschung zu möglichen Unterschieden bei terroristischen bzw. extremistischen und anderen Anschlägen, wie Schulamokläufen oder Amokfahrten, hinsichtlich der Folgewirkungen für Betroffene. Unerforscht sind ebenso Unterschiede in den Reaktionen und Bedürfnissen zwischen Hinterbliebenen und körperlich verletzten und unverletzten Augenzeugen/Augenzeuginnen. Ebenfalls kaum untersucht ist bisher, unter welchen Gegebenheiten Opfer ihrerseits zu (Gewalt-)Tätern/Täterinnen[70] werden oder ggf. vorher einschlägig in Erscheinung getreten sind.

Einige Opfer wählen altruistische Verhaltensmuster und beteiligen sich bspw. an Projekten zur Gewaltprävention. Letzteres kann eine bedeutsame psychologische Funktion als *Coping*-Funktion erfüllen, da dies den Selbstrespekt erhöht, soziale Integration beinhaltet, das Risiko von psychischen Erkrankungen senkt und einen beständigen Rahmen zur Bewältigung einer schwierigen Zeit bietet.

---

[66] Vgl. Maercker, 2019, S. 16 ff.; vgl. Whalley/Brewin, 2007, S. 94 ff.; Zuletzt genannte Studie weist eine Prävalenz einer akuten PTBS bei 30 bis 40 % der Erwachsenen und nach zwei Jahren von 20 % nach.

[67] Vgl. Pozza et al., 2019, S. 587 ff.

[68] Vgl. Maercker, 2019, S. 34.

[69] Vgl. Treibel et al., 2013, S. 32.

[70] „*Offenders are more likely than non-offenders to be victims, and victims are more likely than non-victims to be offenders*" (Entdorf, 2013, S. 2).
In der kriminologischen Forschung zum „Victim-Offender-Overlap" (Täter-Opfer-Statuswechsel) fehlt bisher Forschung zu einer möglichen Täter-Opfer-Korrelation für den Bereich von Terrorismus und politischer Gewalt. *Argomaniz und Lynch* führen das Fehlen auf ethische Bedenken und methodische Schwierigkeiten zurück, befürworten jedoch entsprechende Forschung, um die Entstehung und Komplexität von Terrorismus besser zu verstehen; vgl. Argomaniz/Lynch, 2017, S. 492 ff.; sowie https://www.wiesbadener-kurier.de/politik/hessen/hanau-ein-opfer-das-auch-tater-ist_23551385; (19.03.2022).

Der psychologische Gewinn des altruistischen Handelns für die einzelne Person wirkt sich zum einen positiv auf die Gruppe der Betroffenen aus, die ein unfreiwilliges gemeinsames Schicksal teilen, aber auch auf die Gesellschaft als Ganzes, indem die Solidarität zwischen unterschiedlichen Teilen der Gesellschaft erhöht wird.[71]

Die Literatur beschreibt folgende divergierende Verhaltensweisen von Überlebenden und Hinterbliebenen: die komplette Ablehnung von politischem Aktivismus, das Vermeiden von sinngebenden Tätigkeiten und sozialen Interaktionen, intensive politische Lobbyarbeit, das Gründen von Betroffenengruppen, Interessenvertretungsarbeit und aktive Medienarbeit. Im Laufe des Lebens kann ein und dieselbe betroffene Person unterschiedliche oder sogar gegenteilige Reaktionsformen zeigen.[72]

Als Ergebnis ist festzuhalten, dass sich eine Viktimisierung durch einen Terroranschlag in der Komplexität des Phänomens und der Individualität der Reaktionen darauf weder definieren noch in einem Konzept erfassen lässt. Vielmehr ist davon auszugehen, dass es kein statischer Zustand ist und sich der Umgang der Betroffenen mit dem Opfer-Sein im Laufe des Lebens und unterschiedlichen Lebenssituationen verändern kann. Überdies hat ein terroristischer Anschlag ähnliche Effekte für Überlebende und Hinterbliebene wie für andere Opfer von schweren Gewaltdelikten. Ein Unterschied liegt im statistisch erhöhten Risiko einer Traumafolgestörung und verstärkten Symptomen einer PTBS. Zudem kann der Unterstützungsbedarf eine sehr lange Zeitspanne umfassen.[73] Der Unterschied zu anderen Straftaten ist die enge Verknüpfung von individuellem mit gesellschaftlichem Trauma. Dies kann für Betroffene im Verarbeitungsprozess aufgrund der finanziellen Hilfe und der sozialen Unterstützung durch öffentliche Aufmerksamkeit förderlich sein. Die Deutungshoheit über ihre private Tragödie können Terrorismusopfer jedoch verlieren: Attentäter/Attentäterinnen, Politik, Medien, Gesellschaft und Organisationen bedienen sich des tragischen Geschehens, wobei Betroffene unfreiwillig in ein System mit sich wechselseitig überlagernden Instrumentalisierungen geraten.

---

[71] Vgl. Argomaniz/Lynch, 2017, S. 492, 495 f.
[72] Vgl. Argomaniz/Lynch, 2017, S. 492 f.
[73] Siehe Abschnitt 2.5 und 2.6.

5.5   Bedürfnisse der Betroffenen und Interventionsstrategien

Nach der Erörterung der individuellen Viktimisierungsfolgen soll nun der Blick auf die Bedürfnisse der Opfer und Interventionsstrategien gerichtet werden. Die Forschung hat bisher keine Hinweise formuliert, dass unterschiedliche belastende Ereignisse zu verschiedenen Bedürfnislagen führen. Die Bedürfnisse von Opfern terroristischer Anschläge scheinen sich nicht von denen der Opfer von Natur- und Technikkatastrophen[74] oder anderen Straftaten zu unterscheiden.[75] Ebenso wie andere Kriminalitätsopfer müssen sie mit den Gefühlen von Angst und Wut sowie dem posttraumatischen Stress umgehen lernen. Die Besonderheit liegt im Kontext der terroristischen Viktimisierung und dem öffentlichen Publikum.[76]

Die explorative Studie von Treibel et al. leitet aus Befragungen von Fachkräften und einer Internetstudie Bedürfniskategorien für Betroffene potenziell traumatisierender Ereignisse ab. Unabhängig, ob Natur- oder Technikkatastrophe oder terroristischer Anschlag wurden die folgenden Bedürfnisse als wesentlich genannt: umfassende Informationen zu erhalten, Sicherheit (sicherer Ort mit Schutz vor der gleichen oder einer neuen Gefahr), Kontakt zu anderen Betroffenen, soziale Einbindung sowie Möglichkeiten zum Trauern und Gedenken. Zudem äußerten Betroffene terroristischer Anschläge einerseits das Bedürfnis, politisch aktiv und andererseits die Befürchtung, politisch instrumentalisiert zu werden.[77] An diese Studie schließt sich eine Inhaltsanalyse der Einsatzdokumentation der Koordinierungsstelle Nachsorge, Opfer- und Angehörigenhilfe (NOAH) durch Helmerichs, Fröschke und Hahn an.[78] Die Forschenden konnten 13 Hauptanliegen Betroffener von Katastrophen und terroristischen Anschlägen identifizieren: Informationen geben, Belastungsfaktoren nennen, Unterstützendes schildern, Informationen einholen, Danken, Belastungsreaktionen beschreiben, Emotionen ausdrücken, Kritik ausdrücken, Vermittlung psychosozialer Hilfen erbitten, Handlungsempfehlungen einholen, Anweisungen erteilen, über Erlebtes berichten sowie Vernetzung mit anderen Betroffenen erbitten. Betroffenengruppenspezifische Unterschiede wurden nicht festgestellt. Hierbei muss erwähnt werden, dass sich beide Untersuchungen auf die psychosoziale Notfallversorgung in der Akutsituation beziehen. Die genannten Anliegen sind jedoch genereller

---

[74] Vgl. Treibel et al., 2013, S. 33.
[75] Vgl. Pemberton, 2010, xi.
[76] Vgl. Pemberton, 2010, S. 128.
[77] Vgl. Treibel et al., 2013, S. 35.
[78] Vgl. Helmerichs et al., 2020, S. 220 ff.

Art und können deshalb auch über die Krisensituation hinaus als relevant angesehen werden. Ein Charakteristikum bei Opfern von Anschlägen ist das Bedürfnis nach politischer Anerkennung als Terroropfer und öffentlicher Würdigung des Leidens.[79]

Die vorgenannten Bedürfnisse sind psychischer und psychosozialer Natur. In der Literatur ist überwiegend anerkannt, dass diesen Bedürfnissen nicht nur akut, sondern auch mittelfristig Rechnung getragen werden kann durch die Orientierung an den durch Hobfoll et al.[80] in einer Meta-Analyse herausgearbeiteten fünf Kernelemente für den psychosozialen Notfall. Das damit einhergehende Klassifizierungsschema lautet wie folgt: „1. *Das Gefühl von Sicherheit fördern (Promotion of Sense of Safety), 2. Beruhigung fördern (Promotion of Calming), 3. Die Selbstwirksamkeit und kollektive Wirksamkeit fördern (Promotion of Sense of Self-Efficacy and Collective Efficacy), 4. Kontakt und Verbundenheit fördern (Promotion of Connectedness), 5. Hoffnung initiieren (Instilling Hope).*"[81]

Grundlage der Handlungslogik des gesamten Unterstützungssystems sollte ein präventiver und partizipativer Ansatz sein. Dabei hat die Fokussierung auf die Ressourcen zur Selbsthilfe die Aufgabe, die Selbstwirksamkeit der Betroffenen zu stärken und damit der Salutogenese, dem Erhaltungsprozess der Gesundheit, zu dienen. Eine verfrühte Pathologisierung bzw. ein an den Defiziten orientiertes und paternalistisch agierendes Helfersystem wird wiederum als kontraproduktiv für die Gesunderhaltung beschrieben.[82]

Neben diesem individuellen Zugang bedarf es insbesondere bei traumatisierenden Ereignissen des sozialen Beistands durch das Umfeld. Als hilfreichste Unterstützung haben Hinterbliebene den Kontakt mit Menschen bewertet, die Vergleichbares erlebt haben.[83] Die Bedeutsamkeit dieses *Peer-Supports* wird durch eine britische Studie bestätigt, die zugleich Kritik an der Unterstützung durch offizielle Stellen formuliert. Am Kontakt mit Behörden haben Betroffene bemängelt, dass die Stellen untereinander nicht zusammenarbeiten und es somit zu Verzögerungen kommt. Der in der britischen Studie als positiv wahrgenommene Kontakt mit anderen Betroffenen unterliegt zudem der Komplikation, dass die

---

[79] Vgl. Pemberton, 2010, S. 129.

[80] Vgl. Hobfoll et al., 2007, S. 283–315.

[81] Anhand dieser Klassifizierung untersuchen Leuschner, Sommer und Neumann die von den PSNV-Kräften am Anschlagsort am Breitscheidplatz 2016 in Berlin bearbeitete Bedürfnisse der Betroffenen.

[82] Vgl. Leuschner et al., 2020, S. 235.

[83] Vgl. Schildkraut et al., 2020, S. 20 ff.

Menschen, die nicht am Anschlagsort wohnen oder im Ausland Opfer geworden sind, nur eingeschränkt Kontakt zueinander herstellen können. Daher richtet
sich eine Überlegung darauf, nach Anschlagsgeschehen sichere Online-Portale
zum Austausch für Betroffene zu installieren. Hier fehlen jedoch noch Erfahrungen, welche Institutionen diese verantworten und sich daran beteiligen sollten.
Die Autorin der britischen Studie schlägt in diesem Kontext u. a. vor, auch
Wissenschaftler/innen zu involvieren.[84]

5.6   Erwartungen an das Strafjustizsystem

Nachdem vorstehend die allgemeinen Bedürfnisse von Betroffenen erörtert
wurden, soll nun untersucht werden, welche Erwartungen sich an das Strafjustizsystem richten.

Eine Forschung zu Hinterbliebenen oder Augenzeugen/Augenzeuginnen von
(terroristischen) Anschlägen in Bezug auf das Strafjustizsystem existiert noch
nicht. Deshalb wird in dieser Arbeit mangels deutscher Studien auf internationale Studien zu Hinterbliebenen von Mordopfern zurückgegriffen. In ihrer
Meta-Studie von 2015 fassen Connolly und Gordon die Ergebnisse aus fünf
Studien zu den Erfahrungen von Hinterbliebenen mit dem Strafjustizsystem wie
folgt zusammen: Schwierigkeiten, Informationen über ihren Fall zu erhalten, eine
unsensible Behandlung, die Ungerechtigkeit des Kriminaljustizsystems und negative Medienberichterstattung. Für die Hinterbliebenen haben sich diese Aspekte
auf die Trauerverarbeitung negativ ausgewirkt.[85] Bemerkenswert ist, dass – analog zu der Akutphase gegenüber dem ersthelfenden System – der elementarste
Bedarf darin besteht, ausreichend, kontinuierlich und wahrheitsgemäß über Stand
und Verlauf des eigenen Falles informiert zu werden. Die wahrgenommene
Ungerechtigkeit führten die Befragten u. a. auf die lange Verfahrensdauer, die
Orientierung des Strafverfahrens an den Rechten des Angeklagten und die daraus
resultierende gefühlte eigene Machtlosigkeit sowie einer als zu gering, und damit
unfair wahrgenommenen, Strafe zurück. Im Hinblick auf diese Resultate muss
jedoch berücksichtigt werden, dass einige der ausgewerteten Studien aus den
1980er und 1990er Jahren stammen und andere Rechtssysteme betreffen. Die
Opferschutzgesetzgebung hat sich – auch international – seitdem weiterentwickelt. Eine aktuellere Studie von Stretesky et al. weist allerdings in eine ähnliche

---

[84] Vgl. Rew, 2020, S. 75 f.
[85] Vgl. Connolly/Gordon, 2014, S. 500.

Richtung: Opfer bewerten die Kommunikation mit den Ermittlungsbehörden als einen der elementaren Bestandteile in ihrem Verarbeitungsprozess.[86]

Pugach, Peleg und Ronel[87] haben die doppelte Herausforderung für Co-Opfer[88] untersucht, mit den systemimmanenten rechtlichen und medialen Anforderungen neben der Bewältigung der Straftat zurechtzukommen. Sowohl hinsichtlich der Justiz als auch der Medien haben sich die Studienteilnehmer/innen in nahezu identischer Wortwahl über eine unsensible Behandlung, die sie an der Trauer gehindert habe, einer Zunahme von Stress sowie der Missachtung des Wunsches, vollständig gehört zu werden, geäußert. Dem Wunsch, ,gehört' zu werden, sollen folgende fünf Hindernisse entgegengestanden haben: 1. Das Fehlen von Informationen über Verfahrensabläufe, 2. Das Nichtverstehen der „rechtlichen Sprache", 3. Das Fehlen rechtlicher Möglichkeiten sowie die fehlende Bereitschaft der Prozessbeteiligten, im Gerichtsprozess eine Aussage zuzulassen, 4. Gewerbliche Interessen der Medien, die ihre wahren/echten Aussagen verstummen ließen, 5. Die Zurückweisung durch das Strafjustizsystem, andere Formen der Anhörung zu ermöglichen.[89]

Eine aktuellere US-amerikanische Studie mit Hinterbliebenen von Mordopfern hat folgende Erwartungen an das Gericht ermittelt: Bestätigung der Wertschätzung des Lebens der ermordeten Person und deren Unschuld, Antworten auf die Fragen zum Fall, die Möglichkeit, das Andenken des Verstorbenen/der Verstorbenen durch Abgabe eines VIS zu ehren und Heilung.[90] In seiner literaturgestützten Studie fasst Pemberton, referenzierend zu den allgemeinen Bedürfnissen von Opferzeugen, drei Aspekte zusammen, die das Strafverfahren betreffen: eine respektvolle und gerechte Behandlung, Informationen über den Prozessablauf und dessen Ergebnis und Varianten zur Partizipation.[91]

Es kann folglich resümiert werden, dass das Erhalten und Verstehen von Informationen, Wertschätzung – auch für die Getöteten – und Gehör/Kommunikation die wesentlichen Bedürfnisse für Opfer oder Hinterbliebene schwerer Gewalttaten darstellen. Betroffene von Anschlägen weisen darüber hinaus das Bedürfnis auf,

---

[86] Vgl. Stretesky et al., 2010, S. 887.

[87] Vgl. Pugach et al., 2018, S. 3 ff.

[88] Es handelt sich um eine qualitative Studie, in der 14 nahestehende Hinterbliebene von Mordopfern befragt wurden. Die Taten fanden in Israel statt und zogen mediales Interesse auf sich.

[89] Vgl. Pugach et al., 2018, S. 16.

[90] Vgl. Goodrum, 2020, Kap. 6.

[91] Vgl. Pemberton, 2010, S. 77.

politisch als Terroropfer anerkannt und öffentlich gewürdigt zu werden.[92] Diese Bedarfe können sowohl für die akute Ereignisphase als auch für Erwartungshaltungen an das Strafjustizsystem angenommen werden. Dabei sollte berücksichtigt werden, dass auch die Erfüllung der Erwartungen nicht zum gewünschten Ergebnis einer *Heilung* oder dem innerlichen Abschließen mit der Tat führen muss oder pathologische Folgen wie eine verzögerte Trauerreaktion sicher ausschließen oder mildern kann. Gleichwohl sollte dieser Umstand kein Hinderungsgrund sein, das menschlich Gewünschte und das psychologisch Sinnvolle am Maßstab des rechtlich Möglichen zu messen. Dies ist Gegenstand des nächsten Kapitels.

---

[92] Vgl. Pemberton, 2010, S. 129.

Passung von Opfererwartungen mit strafprozessualen Schutzvorschriften

6.1 Ausgangslage

Nachfolgend soll untersucht werden, inwieweit die festgestellten Bedürfnisse eine Passung zu den Opferrechten in der Strafprozessordnung aufweisen. Hier sind folgende Aspekte zu berücksichtigen: Die ermittelten und an das Strafjustizsystem gerichteten Bedarfe sind überwiegend psychosozialer Natur. Die Rechtswissenschaft hat dagegen normativen Charakter. Eine Übersetzung der psychosozialen Bedürfnisse in strafprozessuale Opferrechte muss somit dort ihre Grenze finden, wo rechtsstaatliche Grundsätze tangiert sein könnten.

Auf gesellschaftlicher Ebene, die bei terroristischen Anschlägen besonders tangiert ist, kommt die Problematik der Systemlogiken sämtlicher beteiligter gesellschaftlicher Funktionssysteme hinzu, die auf die Betreuung der Betroffenen ihre eigene Systemlogik und dominante Kodierung anwenden. Diese Systeme greifen die psychosozialen Bedürfnisse der Betroffenen lediglich partiell auf. Die medizinische Versorgung konzentriert sich zunächst auf lebenserhaltende Maßnahmen, für die Polizei sind Betroffene Zeugen/Zeuginnen und Informationsträger/innen, für das politische System stellvertretende Opfer und für die Medien Nachrichtenobjekte.[1] Das Rechtssystem und die damit verbundene Opferhilfe referenziert Betroffene als in ihren Rechtsgütern verletzte Menschen, als Zeugen/Zeuginnen im Strafverfahren, aber auch Träger/innen von strafprozessualen Opferrechten und Ansprüchen auf finanzielle Entschädigungsleistungen wie Härteleistungen des Bundes oder nach OEG. Nachstehende Untersuchung muss ebenfalls dieser Einschränkung folgen und bezieht sich auf die Systemlogik des Ermittlungs- und Strafverfahrens.

---

[1] Vgl. Leuschner et al., 2020, S. 234.

U. Hochstätter, *Die Fragen der Opfer im Strafprozess*, BestMasters,
https://doi.org/10.1007/978-3-658-40530-4_6

Im Folgenden gilt es zu prüfen, welche Rechte ein von einem Anschlagsgeschehen betroffener Verletzter i. S. § 373b StPO für sich in Anspruch nehmen
könnte. Dabei beziehen sich diverse Rechte auf die Feststellung des Status als
vulnerables Opfer, sodass zu klären ist, ob der genannte Personenkreis hierunter
subsumiert werden könnte und folglich als besonders schutzbedürftig einzuordnen
ist.

6.2   Verletzte i. S. § 373b StPO

Wie in den Kapiteln 2 und 4 thematisiert, wurde durch die Schaffung des
§ 373b StPO in Umsetzung der EU-Opferschutzrichtlinie eine Legaldefinition für
den Begriff des Verletzten eingeführt. Für Verletzte sollen u. a. die Rechte und
Schutzansprüche nach § 48 a, § 68a Abs. 2, § 69 Abs. 2 S. 2, § 111 l, § 111n[2],
§ 155a, § 158, § 171, § 172, § 255a Abs. 2, § 268 Abs. 2 S. 3 und §§ 406d bis
406k StPO Anwendung finden.[3]
     Im Falle von Anschlagstaten mit einer Vielzahl getöteter Menschen ist ins-
besondere die Gleichstellung der Hinterbliebenen als Verletzte relevant.[4] Die
neue Vorschrift greift dabei die Rechtswirklichkeit durch Berücksichtigung von
Lebensgefährten/Lebensgefährtinnen auf und fasst den Kreis der Verletzten weit,
da alle Angehörigen in gerader Linie – von Urgroßeltern zu Urenkel/innen –
gemeint sein sollen. Die Geschwister der Getöteten zählen ebenfalls zum Kreis
der Verletzten hinzu.[5]
     Unter Lebensgefährten/Lebensgefährtinnen werden Personen verstanden, die
mit dem Opfer in einem Haushalt zusammengelebt haben, ohne in Lebens-
spartnerschaft verbunden oder verheiratet gewesen zu sein. Der Gesetzgeber
geht hier über die Anforderungen der *EU-Opferschutzrichtlinie*[6] zulässigerweise
hinaus und hat das dortige Kriterium der *„intimen Lebensgemeinschaft"* nicht

---

[2] Die Vorschriften § 111 l, § 111n StPO betreffen die Vermögensabschöpfung, § 155a StPO
regelt den Täter-Opfer-Ausgleich – beides ist für Anschlagsopfer wenig relevant und daher
unterbleibt eine nähere Betrachtung. Auch das Adhäsionsverfahren wird nicht näher erörtert,
da die Geltendmachung von zivilrechtlichen Ansprüchen gegenüber Angeklagten, die eine
langjährige Haftstrafe zu erwarten haben, eher unwahrscheinlich ist. Zudem stehen Opfern
von extremistischen Anschlägen im Gegensatz zu anderen Opfern finanzielle Härteleistungen des Bundes zu.
[3] BT-Drs. 19/27.654, S. 99.
[4] Siehe Kapitel 2.
[5] BT-Drs. 19/27.654, S. 101.
[6] Richtlinie 2012/29/EU, Artikel 2 Nr. 1 Buchstabe a Ziffer ii.

übernommen. Begründet wird die Erweiterung mit der Schutzbedürftigkeit der Betroffenen, da Nachfragen der Behörden zur Ausgestaltung der Beziehung kurz nach der Todesnachricht als unangemessen und seelisch belastend empfunden werden könnten. Zudem wird der Ermittlungsaufwand als zu hoch angenommen und auf den geringen Anteil von 0,1 % der Straftaten gegen das Leben in der Polizeilichen Kriminalstatistik (PKS) hingewiesen.[7] Von dem weiteren Kriterium der Opferschutzrichtlinie, das eine Schädigung durch den Tod von Angehörigen voraussetzt, wurde abgesehen, da eine seelische Beeinträchtigung durch die Tötung einer nahestehenden Person in der Regel naheliege und folglich unterstellt werden könne.[8] Soweit in Vorschriften der StPO die Rechte von Hinterbliebenen bereits erfasst sind, sollen diese unberührt bleiben, was insbesondere hinsichtlich der Vorschriften der §§ 395 und 397a StPO gelten solle.[9] Der Gesetzgeber hat Stiefkinder und -eltern nicht erwähnt, diese könnten jedoch unter Lebensgefährten/Lebensgefährtinnen subsumiert werden, sofern sie im gemeinsamen Haushalt leben. Zudem hat der Gesetzgeber in seiner Definition der Verletzten die gesellschaftliche Lebenswirklichkeit im 21. Jahrhundert berücksichtigt: Dazu zählen auch „Patchwork-Familien". Es sind schließlich keine Gründe ersichtlich, diesem Personenkreis angesichts zu schützender familienähnlicher Lebensverhältnisse die Verletztenrechte nicht zuzugestehen.[10]

Die Vorschrift enthält das Kriterium der unmittelbaren Betroffenheit durch die Tat und die Verletzung eines Individualrechtsgutes oder eines unmittelbaren sonstigen[11] Schadens.[12] Als strafrechtlich geschützte Rechtsgüter werden Leib, Leben, Freiheit, sexuelle Selbstbestimmung und Vermögen angeführt.[13] Somit unterscheidet sich der rechtliche Verletztenbegriff von dem in Abschnitt 5.2 dargestellten Begriff der psychischen Betroffenheit bei einem Anschlagsgeschehen, auf den die psychotraumatologische Systemlogik hinsichtlich der Bedürfnisse und erforderlichen Reaktionen Anwendung findet. Ersthelfende, Rettungs- und Einsatzkräfte und die Bevölkerung sind unter Umständen zwar betroffen, jedoch lediglich mittelbar, wenn sie bspw. durch die Versorgung von Verletzten, den

---

[7] BT-Drs. 19/27.654, S. 101 f. Für das Jahr 2018 wird auf 3 254 Fälle in der PKS referenziert.

[8] BT-Drs. 19/27.654, S. 102.

[9] BT-Drs. 19/27.654, S. 102. Dies betrifft das Recht zur Nebenklage und eine anwaltliche Bei-ordnung.

[10] BeckOK StPO/Weiner, 42. Ed. 1.1.2022, StPO § 373b Rn. 35, 36.

[11] Der Gesetzgeber führt hier Aussagedelikte als Beispiel an. BT-Drs. 19/27.654, S. 101.

[12] BeckOK StPO/Weiner, 42. Ed. 1.1.2022, StPO § 373b Rn. 12, 13.

[13] BT-Drs. 19/27.654, S. 100.

Anblick von getöteten Menschen oder den Medienkonsum einer ggf. gefilm-ten Tat[14] posttraumatische Folgestörungen erleiden.[15] Auch dieser Personenkreis mag ein Informationsbedürfnis hinsichtlich der Ermittlungen haben, als mittelbar Betroffene stehen ihnen jedoch diesbezüglich keine strafprozessualen Rechte zu.

Zu den geschützten Rechtsgütern zählt außerdem das Vermögen. Verletzte im Sinne der neuen Vorschrift und damit Berechtigte der Opferschutzvorschriften können daher z. B. Ladeneigentümer/innen oder Kioskpächter/innen sein, wenn das Geschäftslokal durch den Anschlag beschädigt wurde.[16]

6.3 Anschlagsopfer: vulnerable Opfer im Sinne von § 48a Abs. 1 StPO?

Die Vorschrift des § 48a Abs. 1 StPO gilt als zentrale Norm für die Prüfung der besonderen Schutzbedürftigkeit eines Verletzten. Generell ist festzuhalten, dass die Vorschrift deklaratorische Wirkung hat und somit kein eigenes Opfer-schutzrecht begründet.[17] Ihrer Einführung, zunächst in die Vorgängervorschrift des § 48 Abs. 3 StPO, liegen Artikel 18 und 22 der EU-Opferschutzrichtlinie zugrunde.[18] Wird eine Schutzbedürftigkeit bejaht, leiten sich daraus etwaige Schutzmaßnahmen ab. Diese sind exemplarisch in § 48a Abs. 1 S. 2 StPO benannt, wobei die Aufzählung nicht abschließend ist (*„insbesondere"*). Nach § 48a Abs. 1 S. 3 StPO soll die Einschätzung der Schutzbedürftigkeit mög-lichst in einem frühen Verfahrensstadium erfolgen und richtet sich nach den persönlichen Verhältnissen sowie der Art und den Umständen der Straftat, infol-gedessen erfolgt die Prüfung individualisiert. Opfergruppen sind daher in der Vorschrift – bis auf minderjährige Personen – nicht genannt. Unter Art und

---

[14] Der Täter von Halle hatte seine Tat gestreamt und ins Netz gestellt; eine mediale Weiterver-breitung folgte; vgl. https://www.tagesschau.de/inland/halle-taeter-101.html, (17.03.2022).

[15] Ansprüche nach dem Opferentschädigungsgesetz OEG, künftig SGB XIV, ggf. Leistungen der Verkehrsopferhilfe oder die Härteleistungen des Bundes stehen dieser Personengruppe ebenfalls nicht zu. Für die Gesundheitsversorgung kommt jedoch je nach Fall u. a. die Unfallkasse, eine Berufsgenossenschaft oder letztlich die Krankenkasse auf.

[16] Seit dem 01. August 2020 können diese Personen durch das Bundesamt für Justiz auch Härteleistungen erhalten: Richtlinie zur Zahlung von Unterstützungsleistungen für durch terroristische und extremistische Taten wirtschaftlich Betroffene aus dem Bundeshaushalt (Kapitel 0718 Titel 681 01 und 681 02).

[17] Vgl. Kilchling, 2018, S. 32.

[18] BT-Drs. 19/27.654, S. 99.

Umstände der Straftat lässt sich in europarechtskonformer Auslegung eine terroristische Straftat subsumieren. Demnach betont die Mitteilung der Kommission zur Stärke der Opferrechte in der EU vom 18.05.2011[19] die Öffentlichkeitswirksamkeit einer terroristischen Tat und den gesteigerten Bedarf nach sozialer Anerkennung. Daneben bezeichnet Artikel 22 Abs. 3 der Opferschutzrichtlinie explizit Opfer von Terrorismus als *„gebührend zu berücksichtigen"*[20]. Ergänzend belegen lassen sich diese Einschätzungen aus den Erkenntnissen aus Kapitel 5, wonach sich Opfer eines terroristischen Anschlags von anderen Straftatenopfern unterscheiden, weil sie ein erhöhtes Risiko für eine Traumafolgestörung tragen, sie medialer Aufmerksamkeit ausgesetzt sind und sich mit gesellschaftlichen und politischen Instrumentalisierungen konfrontiert sehen. Diese Faktoren resultieren in lang andauernden Unterstützungs- und Erholungsprozessen, sodass eine Besonderheit in Art und Umständen der Straftat zu bejahen ist. Dies gilt sowohl für überlebende Verletzte als auch für Hinterbliebene, da der Gesetzgeber davon ausgeht, dass Hinterbliebene aufgrund des schwerwiegenden Verlusts den gleichen Grad der Schutzbedürftigkeit aufweisen wie die durch die Tat Verletzten selbst. Das Leben sei ein besonders wertvolles Rechtsgut und die Auswirkungen des Verlustes auf die Familienangehörigen erheblich. Zudem seien die Hinterbliebenen die einzigen Personen, die im Verfahren stellvertretend für das Tatopfer auftreten können.[21]

Für Überlebende und Hinterbliebene einer Anschlags, die Verletzte i. S. d. § 373b StPO sind, kann daher die besondere Schutzbedürftigkeit angenommen und damit die Anwendung der entsprechenden Vorschriften bejaht werden. Diese Vorgehensweise entspricht dem in Kapitel 2 festgestellten allgemeinen Bedürfnis von Opfern im Strafverfahren, frühzeitig als solches anerkannt zu werden und vom Druck, die Opferstellung ‚nachweisen' zu müssen, entlastet zu sein.[22] Opfer terroristischer Anschläge haben darüber hinaus das Interesse, als Opfer einer politischen Straftat anerkannt zu werden, was somit ebenfalls eine Entsprechung findet. Dabei ist anzumerken, dass es für Anschlagsopfer im Regelfall unkompliziert sein dürfte, frühzeitig als Opfer anerkannt zu werden, da sie die Opferstellung zu dem Zeitpunkt als legitimiert ansehen können, an dem sie auf den von der Polizei geführten sog. Betroffenenlisten eines Anschlags aufgeführt sind. Der Opferstatus unterliegt daher in der Regel nicht der viktimisierungsbehafteten Infragestellung der Rolle als Opfer. Gleichzeitig reduziert sich die

---

[19] KOM (2011) 274 endgültig, S. 8.

[20] Artikel 23 Abs. 3 Richtlinie (EU) 2012/29/EU.

[21] BT-DRS 19/27.654, S. 102.

[22] Vgl. Sautner, 2010, S. 263.

Bedeutung der Rolle von Überlebenden als Zeuge/Zeugin, da anlässlich eines Anschlags im öffentlichen Raum oft weitere Beweismittel, wie Videoaufnahmen durch Überwachungskameras, Aufnahmen des Täters/der Täterin oder private Smartphone-Aufnahmen, vorliegen. Unter den Gesichtspunkten der frühzeitigen und unkomplizierten Legitimation der Opferstellung, der geringeren Bedeutung der Zeugenaussagen für die Wahrheitsermittlung und der Anerkennung einer besonderen Schutzbedürftigkeit i. S. v. § 48a Abs. 1 StPO minimieren sich für Anschlagsopfer folglich potenzielle Belastungsfaktoren des Strafverfahrens.

Da Gesetzgeber hat – bis auf minderjährige Personen – auf die Aufzählung von Opfergruppen verzichtet, wobei bei Minderjährigen nach § 48a Abs. 2 StPO als Besonderheit ein Beschleunigungsgebot gelten soll.[23] Dennoch wird ein Handlungsbedarf hinsichtlich der Normierung von weiteren Opfergruppen nicht befürwortet, da die Kriterien zur Definition eines vulnerablen Opfers ausreichend sind und entsprechenden Spielraum lassen, einer individuellen Situation eines/einer Verletzten gerecht zu werden. Die Benennung einzelner Opfergruppen mag darüber hinaus die Gefahr bergen, Formen von Opferhierarchien zu konstituieren und Raum für vorurteilsgeprägte Wertungen zu eröffnen. Ist es für ein Opfer einerseits hilfreich, frühzeitig in der besonderen Schutzbedürftigkeit anerkannt zu werden, könnte andererseits mit einer gesetzlichen Normierung die individuelle Resilienz als zu gering eingeschätzt werden.[24] Dritte Personen könnten auf die vermeintliche Besserstellung mit Abwehr und negativen Reaktionen antworten, was eine Sekundärviktimisierung evozieren könnte[25]. Kinder als einzige Opfergruppe gesetzlich als besonders schutzbedürftig anzusehen, dürfte dagegen gesellschaftlicher Konsens sein. Zudem könnte eine gesetzliche Definition von Opfergruppen einen Vergleich und eine Bewertung der Schwere von Leid implizieren, was ebenfalls Viktimisierungspotenzial enthält. Gesetzgeberisches Handeln zur Schaffung von Opferkategorien in der Vorschrift des § 48a StPO kann und sollte daher unterbleiben.

---

[23] BeckOK StPO/Huber, 42. Ed. 1.1.2022. StPO § 48a Rn. 1.

[24] Siehe dazu Kapitel 2 zum Konzept der erlernten Hilflosigkeit. Anders ausgedrückt: Opfer könnten im Wege einer „selbsterfüllenden Prophezeiung" glauben, als Opfer einer derart schweren und – weil in der StPO explizit erwähnten – besonderen Straftat an einer Traumafolgestörung erkranken zu „müssen".

[25] Hierzu Kapitel 2, Viktimisierungsstufen und -folgen.

6.4 Allgemeine Rechte

Nachfolgend werden exemplarisch diverse Vorschriften erläutert, die für Anschlagsopfer – gemessen an ihren Bedürfnissen – von Bedeutung sein könnten. Sofern nicht kenntlich gemacht, erfasst der Begriff Opfer/Verletzte die beiden Opfergruppen der Familienangehörigen der Getöteten und der überlebenden Verletzten.

6.4.1 Schutzmaßnahmen nach § 48a Abs. 1 S. 2 StPO

Zunächst gilt es, die Vorschriften zu untersuchen, auf die § 48a StPO verweist: Wenn gemäß § 48a Abs. 1 Nr. 1 StPO die dringende Gefahr eines schwerwiegenden Nachteils für das Wohl des Zeugen besteht, können Maßnahmen nach § 168e StPO (Vernehmung von Zeugen getrennt von Anwesenheitsberechtigten) oder § 247a StPO (Anordnung einer audiovisuellen Vernehmung von Zeugen) realisiert werden. Nach § 48a Abs. 1 Nr. 2 StPO soll geprüft werden, ob der Ausschluss der Öffentlichkeit gemäß § 171b GVG notwendig ist, während nach § 48a Abs. 1 Nr. 3 StPO Fragen, die zum persönlichen Lebensbereich gehören, nach § 68 a Abs. 1 StPO nur gestellt werden sollen, wenn sie unerlässlich sind.

Die Vorschrift des § 68a StPO gilt für alle Zeugen und schränkt das Fragerecht der Prozessbeteiligten im Hinblick auf das allgemeine Persönlichkeitsrecht der Zeugen ein. Fragen, die den guten Ruf einer Person anzweifeln oder zum persönlichen Lebensbereich gehören, dürfen nur gestellt werden, wenn sie zur Erforschung der Wahrheit vonnöten sind. Nach Vorstrafen soll gemäß § 68 a Abs. 2 StPO nur zur Glaubwürdigkeitsbeurteilung gefragt werden. Bedeutung hat diese Vorschrift überwiegend im Bereich der Sexualstraftaten.[26] Im Falle von Zeugen/Zeuginnen, die über Anschläge aussagen, sind kaum Konstellationen vorstellbar, die entsprechende Fragen aus der Privatsphäre notwendig machen könnten. Aus ähnlichen Gründen wird ein Ausschluss der Öffentlichkeit i. d. R. nicht in Betracht kommen, da § 171b GVG ebenfalls auf Wahrung sensibler Informationen aus dem Bereich der Privatsphäre abzielt.

Bei Anschlagsopfern ergeben sich keine Anhaltspunkte, die die Anwendung von § 168e StPO nahelegen und die damit verbundene Einschränkung des Unmittelbarkeitsgrundsatzes rechtfertigen könnten. Gericht und Zeuge/Zeugin würden sich hier zur Vernehmung in einem gesonderten Raum aufhalten und die Vernehmung würde gemäß § 168e Abs. 1 S. 2 StPO in Bild und Ton zu den übrigen

---

[26] BeckOK StPO/Monka StPO, 42. Ed. 1.1.1022, § 68a Rn. 2–4.

Anwesenheitsberechtigten übertragen werden. Ein schwerwiegender Nachteil für das Wohl der zu Vernehmenden ist nicht anzunehmen, da diese und der/die Angeklagte im Regelfall in keiner Beziehung zueinander oder in keinem sonstigen Näheverhältnis stehen und keine Beeinträchtigung zu erwarten ist, wenn sich die Verfahrensbeteiligten in einem Raum aufhalten.

Bei Anschlagsopfern relevant werden kann die Vorschrift des § 247a Abs. 1 StPO. Es handelt sich hier um eine Ermessensentscheidung des Gerichts, die audiovisuelle Vernehmung eines Zeugen anzuordnen, wenn eine dringende Gefahr eines schwerwiegenden Nachteils für dessen Wohl besteht. Auch in diesem Kontext erfolgt die Einschränkung des Unmittelbarkeitsgrundsatzes, wenn sich ein Zeuge/eine Zeugin an einem anderen Ort aufhält und die Vernehmung per Video in den Sitzungssaal übertragen wird. Die Verfahrensbeteiligten sehen dabei den Zeugen/die Zeugin und möglicherweise anwesende Personen wie die psychosoziale Prozessbegleitung und können ihre prozessualen Befugnisse wie das Fragerecht uneingeschränkt ausüben. Für die Zeugen/Zeuginnen muss ebenfalls ermöglicht werden, den Sitzungssaal und die fragende Person direkt zu sehen.[27] Hinsichtlich der Voraussetzungen für die audiovisuelle Vernehmung verweist § 247a Abs. 1 S. 1 Hs. 2 StPO auf § 251 Abs. 2 StPO. Eine Anwendbarkeit ist dann gegeben, wenn der körperlichen Anwesenheit des Zeugen ein Hindernis entgegensteht (§ 251 Abs. 2 Nr. 1 StPO), die Anreise unzumutbar ist (§ 251 Abs. 2 Nr. 2 StPO) oder Staatsanwaltschaft, Verteidigung und Angeklagte damit einverstanden sind (§ 251 Abs. 2 Nr. 3 StPO). Daraus folgt, dass bspw. Vernehmungen von Zeugen aus dem Ausland unter bestimmten Voraussetzungen ebenfalls zulässig sind.[28] Relevant werden kann diese Vorschrift bei Anschlägen, da sich die Taten oft an touristischen Orten oder Reiseknotenpunkten ereignen und die Betroffenen somit in ihre Heimatorte zurückreisen. Die Belastung einer Anreise zur Gerichtsverhandlung am Tatort mag nicht im Aufeinandertreffen mit der Person des/der Angeklagten liegen, sondern könnte vielmehr mit Schwierigkeiten der Anreise aufgrund erheblicher psychischer und physischer Tatfolgen und mit belastenden Erinnerungen an den Tatort verknüpft sein. Den Ort des Anschlags respektive die Stadt nicht mehr aufsuchen zu können, wäre aus Opferperspektive durchaus nachvollziehbar. Entsprechende Fallkonstellationen könnten somit das Hindernis oder die geforderte Unzumutbarkeit der Anreise begründen. Eine videogestützte Vernehmung von Zeugen/Zeuginnen am Gericht des Wohnortes könnte somit Opferbedürfnissen

---

[27] BeckOK/Berg, 42. Ed. 1.1.2022, StPO § 247a Rn. 14,15.
[28] BeckOK/Berg, 42. Ed. 1.1.2022, StPO § 247a Rn. 4.

entsprechen. Da die Vernehmung in der vorstehend genannten Form durchgeführt wird, sind allenfalls medientypische Fehlerquellen oder Verzerrungen durch die elektronisch vermittelte Vernehmung zu beachten.[29] Eine derartige Fallkonstellation ist den Medien hinsichtlich der islamistisch motivierten Straftat in Dresden zu entnehmen. Der überlebende Zeuge wurde in diesem Fall aus dem Landgericht an seinem Wohnort Köln in den Gerichtssaal nach Dresden ‚übertragen‘[30].

Vorstehend wurden die Vorschriften erläutert, auf die § 48 a StPO bei Annahme der besonderen Schutzbedürftigkeit explizit hinweist. Nachfolgend soll ein Schlaglicht auf die Vorschriften geworfen werden, die der Gesetzgeber bei Schaffung des § 373b StPO in Anlehnung an die Opferschutzrichtlinie im Blick hatte.[31]

6.4.2 Ausgewählte Informations- und Partizipationsrechte

Nach § 158 Abs. 1 S. 3 StPO ist dem/der Verletzten auf Antrag der Eingang der Strafanzeige zu bestätigen und nach § 158 Abs. 1 S. 4 StPO sollen die Angaben des Verletzten zu Tatzeit, Tatort und angezeigter Tat kurz zusammengefasst werden. Dies scheint für Anschlagsopfer entbehrlich, da in diesen Fällen das Ermittlungsverfahren von Amts wegen eingeleitet werden wird. Die Legitimation, Betroffener eines bestimmten Geschehens zu sein, die gegenüber Leistungserbringenden wie der Versorgungsverwaltung nach OEG nachzuweisen ist, erfolgt in diesen Fällen nicht über die Vorlage einer Bestätigung der Strafanzeige. Aufgrund der öffentlichen Bekanntheit des Verfahrens genügt in der Regel der Hinweis auf das Aktenzeichen des Verfahrens und ggf. die Einwilligung in die Beiziehung der Ermittlungsakten. Für Anschlagsopfer dürfte insoweit kein Informationsbedarf auf Grundlage dieser Vorschrift vorliegen.

Relevant für das Informations- und Partizipationsbedürfnis dürften wiederum die Vorschriften §§ 171, 172 StPO sein. Stellt die Staatsanwaltschaft das Verfahren gemäß § 170 Abs. 2 StPO ein, so hat sie dem Verletzten gemäß §§ 171 Abs. 1 S. 2 und 3 StPO i. V. m. § 187 Abs. 2 GVG einen begründeten Bescheid zu erteilen, diesen ggf. in die Muttersprache des Verletzten zu übersetzen und über die Anfechtungsmöglichkeit gemäß § 172 StPO zu belehren.

---

[29] MüKoStPO/Cierniak/Niehaus, 2016, StPO § 247 a Rn. 24.

[30] Vgl. https://www.faz.net/aktuell/politik/inland/prozess-in-dresden-ploetzlich-kam-ein-schlag-17297371.html, (14.03.2022).

[31] BT-Drs. 19/27.654, S. 99.

Bei Anschlagsgeschehen ist eine Beschwerde in den Konstellationen denkbar, wenn sich ein Tatverdacht gegenüber Mitbeschuldigten nicht bestätigt oder ein Haupttäter/eine Haupttäterin tot ist und sich nach Durchführung der Ermittlungen keine ausreichenden Anhaltspunkte für die Beteiligung weiterer Personen an der Tat ergeben, jedoch die Verletzten anderer Ansicht sind.

Sollte tatsächlich auf Beschwerde hin eine Anklageerhebung erfolgen, was bei umfangreich ermittelten Anschlagsgeschehen eher unwahrscheinlich sein dürfte, eröffnet sich für diejenigen Hinterbliebenen, die nicht zu dem nach § 395 Abs. 2 Z. 1 StPO berechtigten Personenkreis gehören, nach § 395 Abs. 2 Z. 2 StPO die Befugnis, sich der Nebenklage anzuschließen. Dies gilt bspw. für Lebensgefährten/Lebensgefährtinnen von Getöteten, die der Gesetzgeber zwar in den Kreis der Verletzten aufgenommen, jedoch bei den Nebenklageberechtigten bewusst nicht berücksichtigt hat.[32]

Diese Vorschriften tragen durch Erteilung eines begründeten Bescheids, ggf. in die zutreffende Sprache übersetzt, dem Informationsbedürfnis Rechnung. Ob die Informationen verstanden werden, ist mittels einer schriftlichen Übersendung nicht sicherzustellen. Das Ermittlungsergebnis kann bei einem komplexen Anschlag und rechtlichen Wertungen zum fehlenden hinreichenden Tatverdacht aus Sicht fachfremder Personen schwer nachzuvollziehen sein.[33] Hier wären flankierende Maßnahmen, wie anwaltlicher Beistand oder ein Gespräch mit der Staatsanwaltschaft, empfehlenswert. Das Rechtsmittel, auch wenn es in vorliegender Fallkonstellation eher wenig Erfolgsaussichten haben dürfte, ist zumindest Ausdruck des Partizipationsbedürfnisses. Wie Sautner in ihrer Studie festgestellt hat, kann bereits die Möglichkeit, *„mehr Partizipationsrechte zu haben als diese tatsächlich auszuüben*[34]" für die Opfer die Bewältigungsfunktion der Selbststabilisierung durch einen *status activus* in Gang setzen.

Als weitere Vorschrift wird vollständigkeitshalber § 255a Abs. 2 StPO erwähnt, der die Vorführung einer richterlichen Videovernehmung anstelle

---

[32] BT-Drs. 19/27.654, S. 102.

[33] Die Sicht der Betroffenen auf den Vater des Attentäters von Hanau als „Brandstifter" ist als moralische Wertung nachvollziehbar, der Tatnachweis als Anstifter ist rechtlich nicht zu führen. Diese Diskrepanz von moralischer und rechtlicher Wertung macht deutlich, dass ein Erklärungsbedarf zum Verstehen von Informationen auftreten und ein schriftlicher Bescheid nicht immer ausreichend sein kann, auch wenn die Staatsanwaltschaft keine Verpflichtung zur Durchführung von Opfergesprächen trifft. Sie dürfte dies jedoch tun.

Vgl. Spiegel Artikel vom 19.02.2022, unter dem Abschnitt: *Die Ermittlungen*; vgl. https://www.spiegel.de/panorama/gesellschaft/hanau-zwei-jahre-nach-dem-attentat-der-anschlag-die-ermittlungen-das-gedenken-a-02734f86-686c-4822-9916-5f3b3cc1b439; (15.03.2022).

[34] Sautner, 2010, S. 264.

einer Vernehmung im Hauptverhandlungstermin für minderjährige Verletzte
ermöglicht. Bei der ebenfalls ergänzend zu nennenden Vorschrift des
§ 268 Abs. 2 S. 3 StPO zur Urteilsverkündung handelt es sich um eine Vorschrift
zum Schutz nicht nur von Verletzten, sondern auch von Zeugen und Prozessbeteiligten. Demzufolge soll das Gericht unter dem Schutzgedanken prüfen, ob die
Urteilsgründe verlesen oder die wesentlichen Inhalte mündlich mitgeteilt werden.
Dabei liegt ein Vorteil in der Option für das Gericht, sich situativ auf die Belange
der Verfahrensbeteiligten einstellen zu können.

Im vierten Abschnitt der StPO sind unter den §§ 406d bis 406k StPO die
„sonstigen Befugnisse des Verletzten" erfasst. Nach § 406d StPO kann der
Verletzte auf Antrag bestimmte Auskünfte zum Verfahrensstand erhalten wie
Zeit und Ort des Hauptverhandlungstermins, den Ausgang des gerichtlichen
Verfahrens, ausgesprochene Kontaktverbote oder die Flucht eines Verurteilten
aus der Haft. Über diese Informationsrechte hat eine Belehrung zu erfolgen
(§ 406d Abs. 3 StPO). Im Falle der Auskünfte nach § 406d Abs. 2 StPO, wie
Informationen über Vollzugslockerungen und Hafturlaub, hat eine Abwägung
zwischen den berechtigten Interessen des Verletzten und den schutzwürdigen
Interessen des Verurteilten zu erfolgen.

Die Vorschrift § 406 f. StPO dient wiederum den Schutzinteressen der
Verletzten und eröffnet für diese die Option, sich bereits während des Ermittlungsverfahrens anwaltlich vertreten und bei Vernehmungen anwaltlich begleiten
zu lassen.[35] Nach § 406 f. Abs. 2 StPO besteht darüber hinaus die Möglichkeit,
eine private Vertrauensperson zur Vernehmung mitzubringen. Entstehende Kosten
tragen die Verletzten selbst.[36]

Der § 406i StPO enthält wiederum die Verpflichtung, Verletzte möglichst
früh und in schriftlicher Form sowie ggf. in eine dem Verletzten verständliche
Sprache übersetzt, über die Befugnisse im Strafverfahren zu unterrichten. Hier
wird insbesondere auf die Möglichkeiten der Nebenklage und des Adhäsions-
verfahrens verwiesen. Der § 406i Abs. 2 StPO bezieht sich außerdem auf die
besonders schutzbedürftigen Verletzten: diese Personengruppe soll auf ihre besonderen Schutzrechte nach § 48a StPO ausdrücklich hingewiesen werden. Nach
§ 406j StPO sollen ferner die Befugnisse außerhalb des Strafverfahrens erwähnt
werden. Das sind z. B. Anordnungen nach GwSchG, Ansprüche nach OEG oder
die Inanspruchnahme von Opferhilfeeinrichtungen. Der § 406k StPO weist darauf hin, dass zu den vorstehenden Angeboten konkrete Kontaktmöglichkeiten zu
nennen sind, während § 406 l StPO klarstellt, dass die vorstehenden Vorschriften

---

[35] Vgl. Helmken, 2020, S. 382.
[36] Vgl. Kilchling, 2018, S. 43.

grundsätzlich auch für Angehörige und Erben von Verletzten gelten sollen. Es handelt sich dabei um Soll-Vorschriften; ein Verstoß bleibt ohne Folgen. Kommt folglich für überlebende Verletzte oder Hinterbliebene eines Anschlags die Vernehmung als Zeuge/Zeugin im Hauptverhandlungstermin in Betracht, wäre bspw. nach § 406i Abs. 2 StPO – auch ohne Antrag – auf die vorstehend erörterte Möglichkeit der Videovernehmung nach § 247a StPO hinzuweisen.

Die Option, über den Verfahrensstand informiert zu werden, entspricht dem Bedürfnis der Verletzten, Informationen zu erhalten und damit eine Form der durch die Straftat verlorenen Kontrolle und das persönliche Gleichgewicht wiederzuerlangen.[37] Im Gesetz sind jedoch nur wenige Auskünfte vorgesehen. Fraglich ist, ob gesetzgeberischer Handlungsbedarf für weitere Informationen gegeben sein könnte.

6.4.3   Von § 406 d StPO zu *MyVictim Case*?

In den Niederlanden steht Opfern einer Straftat seit dem 01.02.2020 ein Serviceangebot (*MyVictim Case*) zu, bei dem sie den Verlauf und den aktuellen Status ihres Falls auf einem zentralen Informationsportal im Internet aufrufen können.[38] Dazu bedarf es persönlicher Zugangsdaten, die online angefordert werden können. Nach dem Einloggen mittels DigiD lassen sich die aktuellen Informationen zu dem Fall sowie die Korrespondenz mit den beteiligten Organisationen (Polizei, Staatsanwaltschaft, Entschädigungsfonds für Gewaltverbrechen, Opferhilfe Niederlande, zentrale gerichtliche Inkassostelle) und allgemeine Informationen über die Rechte als Opfer sowie Hilfsangebote und Dienstleistungen der beteiligten Stellen aufrufen. Darüber hinaus ermöglicht die Plattform eine unmittelbare Kontaktaufnahme zu jenen Stellen, die die Informationen dort hinterlegt haben.

Ohne auf die möglicherweise bestehende Datenschutzproblematik und die fehlende Umsetzung der elektronischen Akte bei deutschen Staatsanwaltschaften einzugehen, bestehen Bedenken hinsichtlich einer ähnlichen Umsetzung in Deutschland. Es ist fraglich, ob durch ein digitales Informationsportal tatsächlich Opferbedürfnissen entsprochen wird. Zwar ist die Informationserteilung bedeutsam, der Inhalt der abgerufenen Informationen sollte jedoch auch verstanden werden. Es könnte in diesem Kontext eingewandt werden, dass den Opfern schwerer Gewalttaten in den Niederlanden Ansprechpartner/innen bei der Polizei

---

[37] Vgl. Sautner 2010, S. 264.
[38] Vgl. https://mijnslachtofferzaak.nl/kbsp/info, (15.03.2022).

und bei den Staatsanwaltschaften[39] zur Verfügung stehen, die die Bedürfnisse der Kommunikation und Interaktion abdecken. Es fragt sich jedoch, welche Informationen Opfer tatsächlich benötigen, um das der Gesundheit förderliche Gefühl der Kontrolle zu erhalten. Bisher sind keine ausreichenden empirischen Untersuchungen hinsichtlich der Frage existent, wieviel und welche Arten von Informationen aus dem Ermittlungsverfahren hilfreich sein könnten. Infolgedessen ist vorstellbar, dass sich ein ‚Zuviel' an Information durch die Vielzahl oder die konstante Online-Zugriffsmöglichkeit kontraproduktiv auswirken könnte. Die tägliche Beschäftigung mit dem eigenen Fall in der digitalen Welt, ohne persönlichen Kontakt mit Fachpersonen, die dabei helfen, Informationen einzuordnen und zu bewerten, könnte für traumabelastete Menschen psychisch eher riskant sein und Hilflosigkeitsgefühle[40] auslösen und damit eine Depressionsgefahr eher verstärken. Ferner fragt sich, was daraus folgen soll, wenn Opfer Unzufriedenheit mit ihrer Fallbearbeitung empfinden, z. B. die Bearbeitung als zu langsam wahrnehmen. Es kann nicht eingeschätzt werden, ob dies mit einem Risiko für einen erneuten Kontrollverlust einhergeht, wenn keine ‚Beschwerdemöglichkeit' besteht oder die Ressourcen der Strafverfolgungsbehörden für tägliche Anfragen über das Online-Portal nicht ausreichen. Die Verfahrensgerechtigkeitsforschung hat sich bis dato noch nicht damit auseinandergesetzt, welchen Einfluss eine digitale Interaktion auf das Empfinden von respektvoller Behandlung, der Bildung von sozialer Identität und der darauf beruhenden Verfahrensakzeptanz hat. Es darf allerdings bezweifelt werden, dass eine digitale Interaktion im vorliegenden Kontext eines straftatbedingten Machtungleichgewichtes die Wahrnehmung von Gerechtigkeit fördern könnte.

Die Auskünfte nach § 406d StPO sind eng gefasst. In einem ‚Großverfahren' kann es Monate bis Jahre dauern, bis die Ermittlungen abgeschlossen sind, Anklage erhoben ist und ein Urteil gesprochen wird. Ein Verletzter hört unter Umständen nur in Fällen der Zeugenladung von dem Verfahren, wenn kein Antrag nach § 406d StPO gestellt wurde. Begründete Erklärungen über sämtliche Prozessschritte[41] mögen zu weitgehend im Sinne des Opferbedürfnisses sein und zudem die Ressourcen der Strafverfolgungsbehörden übersteigen. Vorstellbar wäre jedoch, die Vorschrift des § 406d StPO, um die Möglichkeit einer schriftlichen Sachstandsnachricht in sechsmonatigen Abständen zu ergänzen. Die

---

[39] Vgl. https://www.om.nl/onderwerpen/slachtofferrechten/contact-informatiepunt-slachtoffers-om, (15.03.2022).

[40] Vgl. Kapitel 2 zum Modell der „erlernten Hilflosigkeit".

[41] Vgl. Laxminarayan, 2015, S. 277.

Informationen sollten dabei allgemein gehalten sein,[42] können dennoch dem Opfer signalisieren, nicht ‚vergessen' worden zu sein und bieten möglichst wenig Raum für Fehlinterpretationen. Auch diese Option sollte an eine Antragstellung geknüpft werden, da es Verletzte geben mag, die möglichst wenig an das Verfahren erinnert werden möchten. Anhaltspunkte für eine Einschränkung der Rechte der beschuldigten Person sind hierbei nicht erkennbar.

6.4.4 Psychosoziale Prozessbegleitung

Diese durch das dritte Opferrechtsreformgesetz zum 01.01.2017 eingeführte Vorschrift zählt zu den Beistandsrechten und soll eine Lücke zu der rechtlichen Betreuung und der privaten Betreuung durch eine Vertrauensperson schließen.[43] Der § 2 Abs. 1 PsychPbG stellt klar, dass es sich um eine nichtrechtliche Begleitung im Strafverfahren handelt. Durch besonders qualifizierte Personen sollen einem Opfer Informationen vermittelt, es in der Hauptverhandlung begleitet und somit eine Stabilisierung erreicht werden. Dabei sind die Prozessbegleiter/innen zur Neutralität verpflichtet. Die Vorschrift hat in der Literatur entsprechende Kritik erfahren, da unklare Abgrenzungen der rechtlichen von den sozialen Tätigkeitsfeldern sowie unzulässige Beeinflussungen der zu Betreuenden und damit eine Verfälschung von deren Zeugenaussage befürchtet wurden.[44] Diese Diskussion kann angesichts des Umfangs dieser Arbeit nicht vertieft werden. Es ist jedoch fraglich, ob die Einführung der psychosozialen Prozessbegleitung notwendig war und die Ziele nicht durch die bei Gericht angesiedelten professionellen Zeugenbetreuungen, die jahrzehntelange Erfahrung auf diesem Gebiet haben, hätten erreicht werden können. Die Vorschrift wurde allerdings drei Jahre nach dem Inkrafttreten evaluiert: Dem Bericht vom 02.02.2021 an den nationalen Normenkontrollrat ist zu entnehmen, dass eine Wirksamkeit für den Opferschutz – insbesondere bei schweren Gewalt- und Sexualstraftaten – bejaht wurde. Dennoch sind die Beiordnungszahlen hinter den Erwartungen zurückgeblieben, daher soll Öffentlichkeitsarbeit das Institut der psychosozialen Prozessbegleitung bekannter machen.[45]

---

[42] Beispiele für Sachstandsmitteilungen könnten sein: „Die Ermittlungen dauern an, da weitere Zeugen/Zeuginnen vernommen werden oder ein Gutachten zu x in Auftrag gegeben worden ist…"

[43] Vgl. Kilchling, 2018, S. 44.

[44] Vgl. Endler, 2019, S. 258 ff.

[45] Vgl. https://www.bmj.de/SharedDocs/Downloads/DE/News/PM/Bericht_Psychosoziale_Prozessbegleitung.pdf?__blob=publicationFile&v=2., (15.03.2022).

Überlebende Verletzte und Hinterbliebene von Anschlagsopfern haben einen Anspruch nach § 406g Abs. 1 S. 1 StPO auf psychosoziale Prozessbegleitung. Für die Kosten müssen sie selbst aufkommen. Im Falle einer Beiordnung wäre gemäß § 406g Abs. 3 S. 3 StPO Kostenfreiheit gegeben. Gemäß § 406g Abs. 3 S. 3 StPO können beide Opfergruppen, da sie von einer Straftat gegen das Leben betroffen sind, einen Antrag auf Beiordnung stellen und müssten hierzu eine besondere Schutzbedürftigkeit darlegen. Dies kann eine zusätzliche Belastung bedeuten. Hinsichtlich der Argumentation für die Schutzbedürftigkeit wird auf die Ausführungen zu § 48a StPO Bezug genommen. Zudem mag die finanzielle Belastung Betroffene von einer Inanspruchnahme abhalten, weil z. B. eine lange Arbeitsunfähigkeit aufgrund der körperlichen und seelischen Folgen besteht oder der/die Hauptverdiener/in der Familie getötet wurde. Eine Änderung der Vorschrift § 406g Abs. 3 S. 1 StPO auf sämtliche Fälle im Sinne des § 397a Abs. 1 StPO wäre daher begrüßenswert.

6.4.5 Akteneinsicht

Die Vorschrift § 406e StPO normiert ein Akteneinsichtsrecht und gehört zu den Informationsrechten. Dabei darf die rechtsanwaltliche Vertretung eines/einer Verletzten bei berechtigtem Interesse Einsicht in die Akte nehmen (§ 406e Abs. 1 S. 1 StPO); bei Nebenklageberechtigung muss kein berechtigtes Interesse nachgewiesen werden (§ 406e Abs. 1 S. 2 StPO). Eine Versagung ist möglich, wenn schutzwürdige Interessen des Beschuldigten oder anderer Personen überwiegen (§ 406e Abs. 2 S. 1 StPO) oder das Verfahren erheblich verzögert werden würde. Letzteres Argument gilt für Nebenklageberechtigte nur bis zum Abschluss der Ermittlungen, danach ist ihnen die Akte zugänglich zu machen, wenn schutzwürdige andere Interessen nicht vorliegen (§ 406e Abs. 1 S. 2 und 3 StPO). Unter denselben Voraussetzungen kann ein Verletzter ohne Anwalt/Anwältin die Akte unter Aufsicht einsehen oder Kopien aus der Akte erhalten (§ 406e Abs. 3 S. 1 und 2 StPO). In Rechtsprechung und Literatur wird umfassend diskutiert, ob sich durch die Kenntnis des Akteninhaltes die Aussage als Zeuge verfälscht und folglich die Wahrheitsermittlung erschwert wird.[46] Eine dahingehende generalisierte Annahme ist nicht vertretbar; Zeugen/Zeuginnen können sich ansonsten in der freien Entscheidung, ob

---

[46] Vgl. Kilchling 2018, S. 31; Endler, 2019, S. 194 ff.

Akteneinsicht erfolgen soll, beeinflusst fühlen.[47] Die Entscheidung, ob Akteneinsicht gewährt oder nach § 406 Abs. 2 S. 2 StPO wegen Gefährdung des Untersuchungszwecks versagt wird, ist daher individuell zu treffen. Die aussagepsychologische Forschung beschreibt den Effekt, der durch den Erhalt von nachträglichen Informationen zustande kommt, als Form der Quellenverwechslung. Demnach kann ein Mensch nach mehreren Interaktionen nicht mehr sicher zuordnen, welche Informationen auf eigener Wahrnehmung beruhen und welche aus anderen Quellen stammen. Weitere Quellen können Gespräche mit anderen Betroffenen oder Therapeuten/Therapeutinnen und die Medienberichterstattung sein.[48] Die Aussage von Zeugen/Zeuginnen im Ermittlungsverfahren sollte daher möglichst frühzeitig erfolgen, wobei Akteneinsicht vor diesem Zeitpunkt folglich nicht gewährt werden sollte. Als Kriterium für eine nachfolgende Akteneinsicht gilt es, die Bedeutung der Aussage für die Wahrheitsermittlung im Verfahren abzuwägen.[49] Dabei hat eine Aussage-gegen-Aussage-Konstellation die stärkste Bedeutung. Hinsichtlich eines Anschlags steht im Regelfall eine Vielzahl von Beweismitteln zur Verfügung[50]. Nachinformationseffekte dürften ohnehin hoch sein, aufgrund der medialen Berichterstattung über einen Anschlag und der Inanspruchnahme von seelsorgerischer, therapeutischer oder privater Hilfe. Da bei Verletzten eines Anschlags die Aussage einen geringeren Bedeutungsgehalt für die Wahrheitsermittlung hat und Quellenverwechslungen in Erwägung zu ziehen sind, ergeben sich keine durchgreifenden Gründe der Verweigerung einer Akteneinsicht nach erfolgter Erstvernehmung. Gleichwohl bestehen Bedenken, ob die Vielzahl der in der Ermittlungsakte enthaltenen Informationen das Opferbedürfnis nach Information übersteigen und ggf. sogar sekundärtraumatisierende Effekte auslösen könnten. Nimmt der/die Verletzte nicht persönlich Akteneinsicht, wird ihm/ihr die Akte durch den Anwalt/die Anwältin zur Verfügung gestellt. Welche Informationen zu welchem Zweck eine Bedeutung für Verletzte haben könnten, ist bisher nicht bekannt. Indes ist die Informationsgewinnung zur Durchsetzung von zivilrechtlichen Ansprüchen vorstellbar, gleichwohl wird bei Anschlagsgeschehen in einigen dieser Fälle der Verweis auf das Ermittlungsverfahren an Leistungserbringende, wie Unfallkassen oder Versorgungsämter, ausreichen, da z. B. Körperschaften des öffentlichen Rechts gleichermaßen zur Akteneinsicht berechtigt sind. Demgegenüber dürfte das ungefilterte Lesen von Obduktionsberichten, Auffindesituationen und Angaben darüber, wie lange eine nahestehende

---

[47] BGH, NStZ 2016, S. 367.
[48] Vgl. Häcker et al., 2020, S. 47 f.
[49] Vgl. Endler, 2019, S. 210.
[50] Siehe Abschnitt 6.3.

Person nach der Verletzung bis zum Versterben gelitten hat, dem seelischen Befinden in der Regel abträglich sein. Zu bedenken ist ebenfalls, dass der Zweck der Vorschrift in der Information der betroffenen Personen liegt und nicht die Weitergabe an die Medien oder sonstige dritte Personen umfasst. In der Gewährung von umfassender Akteneinsicht liegt somit das Risiko, dass schützenswerte Informationen über eine Vielzahl von Personen einem unberechtigten Empfängerkreis zur Kenntnis gelangen könnten.[51] Daher ist zu überlegen, ob den Informationsbedürfnissen der Opfer nicht mit anderen Maßnahmen genüge getan werden kann, so durch eine inhaltliche Erweiterung von § 406d StPO oder durch eine Form von begleiteter Akteneinsicht vor Ort.[52]

6.4.6 Nebenklage

Die Nebenklage nach § 395 ff. StPO eröffnet den Berechtigten umfassende Möglichkeiten der Beteiligung am Strafverfahren, die sich aus § 397 Abs. 1 StPO ergeben. Dies beinhaltet die Anwesenheit in der gesamten Hauptverhandlung, die Befugnis, Richter/Richterinnen oder Sachverständige abzulehnen, das Fragerecht, das Recht zur Beanstandung von Anordnungen des/der Vorsitzenden und von Fragen, das Beweisantragsrecht und das Recht, Erklärungen abzugeben. Ebenso ist eine Vertretung durch einen Rechtsanwalt/eine Rechtsanwältin möglich, der/die ebenfalls zur Anwesenheit in der Hauptverhandlung berechtigt ist (§ 397 Abs. 2 StPO). Zur Nebenklage berechtigt ist der in § 395 Abs. 1 StPO benannte Personenkreis und damit gemäß § 395 Abs. 1 Z. 2 StPO auch überlebende Verletzte, zu deren Nachteil ein versuchtes Delikt gegen das Leben nach § 211, 212 StGB begangen wurde. Über § 395 Abs. 2 StPO gilt dies auch für Kinder, Eltern, Geschwister, Ehegatten oder Lebenspartner eines durch eine rechtwidrige Tat Getöteten. Gemäß § 397a Abs. 1 S. 2 StPO kann eine Beiordnung für eine anwaltliche Vertretung erfolgen, sodass kein Kostenrisiko für die Nebenkläger entsteht. Eine gemeinschaftliche Nebenklagevertretung ist gemäß § 397b Abs. 1 StPO zulässig. Der Gesetzgeber hat bewusst den Verletztenkreis nach § 373b StPO nicht auf den vorgenannten Personenkreis erstreckt[53],

---

[51] Vgl. https://www.spiegel.de/panorama/justiz/hanau-attentat-vater-fordert-tatwaffen-zur ueck-A-f2223a81-26a2-45fb-b8b4-aa30651896d8 (15.03.2022). *Offensichtlich sind hier Bestandteile der Ermittlungsakte zum Anschlag in Hanau an das Spiegel Magazin gelangt.*
[52] Siehe Erörterungen Abschnitt 6.8.
[53] BT-Drs. 19/27.654, S. 102.

sodass ein im gemeinsamen Haushalt lebender Lebensgefährte, Unterhaltsberechtigte und Teile der Verwandte in gerader Linie, wie Großeltern und Enkelkinder, nicht zur Nebenklage berechtigt sind. Gleiches gilt für Stiefeltern und -kinder. Dies bedeutet, dass für diese Personengruppe die Verletztenrechte *„an der Saaltür des Gerichts mit Beginn der Hauptverhandlung enden"*[54]. Sie sind infolgedessen lediglich Zeuge/Zeugin, ggf. Zuschauer/in oder Adhäsionsantragsteller/in oder in einer theoretischen Fallkonstellation über ein Klageerzwingungsverfahren gemäß § 395 Abs. 2 Nr. 2 StPO mit der Nebenklageberechtigung versehen.

Es kann nicht nachvollzogen werden, weshalb der Gesetzgeber mit dem erweiterten Verletztenbegriff die gesellschaftliche Lebenswirklichkeit berücksichtigt, eine Anwendung auf die Nebenklage jedoch ablehnt. Ähnlich zur Argumentation des Gesetzgebers bei der Einführung des Verletztenbegriffs könnte im Falle von Lebensgefährten/Lebensgefährtinnen mit der nicht erheblichen Anzahl von Straftaten gegen das Leben in Deutschland und somit einer überschaubaren Anzahl von zu erwartenden Fällen argumentiert werden. Ein weiteres Argument lässt sich daraus ableiten, dass die Regelung des § 395 Abs. 2 Nr. 1 StPO zeitlich älter als die Opferschutzrichtlinie der EU von 2012 ist, die eine *„intime Lebensgemeinschaft"* zulässt. Folglich könnte bei europarechtskonformer Auslegung, zur Vermeidung von Wertungswidersprüchen und der Einheitlichkeit der Rechtsordnung wegen im Einzelfall § 395 Abs. 2 Nr.1 StPO über den Wortlaut hinaus angewendet werden.[55] Als Argument für die Einheitlichkeit der Rechtsordnung kann das am 22.07.2017 in Kraft getretene Gesetz zur Einführung eines Anspruchs auf Hinterbliebenengeld herangezogen werden. Zur Anerkennung des seelischen Leids und der erlittenen Trauer durch eine fremdverursachte Tötung steht Hinterbliebenen demzufolge eine angemessene Entschädigung gegen eine/einen Verursacher/in zu. Dabei greift das Gesetz die Lebenswirklichkeit auf und stellt auf ein besonderes persönliches Näheverhältnis ab, das die Anspruchstellenden nachweisen müssen, wenn diese nicht zum direkten Kreis von Ehegatten, Lebenspartnern, Kindern oder Eltern gehören. Dazu muss die Beziehung eine Intensität aufweisen, wie sie bei der vorgenannten Gruppe üblich ist. Erfolgt dieser Nachweis, kann der Anspruch auch Lebensgefährten/Lebensgefährtinnen, Stief- und Pflegekindern und Verlobten zustehen.[56] Dennoch wäre eine entsprechende Ergänzung der Vorschrift des § 395 StPO um

---

[54] BeckOK/Weiner, 42. Ed. 1.1.2022, StPO § 373b Rn. 53.

[55] BeckOK/Weiner, 42. Ed. 1.1.2022, StPO § 373b Rn. 52–57.

[56] BT-Drs. 18/11.397, S. 8 ff.

den Personenkreis der Verletzten i. S. des § 373b StPO begrüßenswert, um diesen Personen Rechtssicherheit zu geben, sie nicht zu benachteiligen und nicht zusätzlich mit einem Kostenrisiko zu belasten. Die vorstehend befürwortete gesetzliche Erweiterung sollte folgerichtig auf die Vorschrift des § 406h StPO angewandt werden, die regelt, dass sich nebenklageberechtigte Verletzte bereits im Ermittlungsverfahren anwaltlich vertreten lassen können. Ein Kostenrisiko tragen nebenklageberechtigte Opfer von Anschlägen dabei nicht, da eine Beiordnung nach § 406h Abs. 3 Z. 1 i. V. m. § 397a StPO möglich ist. Dieses Recht besteht unabhängig von der Zulassung als Nebenkläger/in. Der anwaltliche Beistand ist berechtigt, an allen außerhalb der Hauptverhandlung stattfindenden Vernehmungen und am Augenschein teilzunehmen.[57] Konträr zu § 406 f. StPO dient § 406h StPO nicht nur dem Schutz von Verletzten, sondern hat auch partizipatorische Zwecke. Nach § 406h Abs. 2 S. 4 StPO ist der Rechtsanwalt/die Rechtsanwältin deshalb berechtigt, bei richterlichen Vernehmungen Erklärungen abzugeben oder die vernommene Person zu befragen. Anregungen zur Beweisermittlung oder Beweisanträge umfasst das Frage- und Erklärungsrecht allerdings nicht.[58] Darüber hinaus wäre neben einer Erstreckung des Kreises der Berechtigten auf die Verletzten nach § 373b StPO diskussionswürdig, ob das Beweisantragsrecht, das den nebenklagebefugten Verletzten ab der Hauptverhandlung zusteht, bereits in der Ermittlungsphase eingeräumt werden sollte. Wird ein Beweisantragsrecht in diesem Verfahrensstadium als zu weitgehend betrachtet, könnte alternativ ggf. die Befugnis, Beweiserhebungen anzuregen, dem Partizipationsbedarf Genüge tun.[59]

Der Vorschrift des § 406h StPO kommt für Überlebende und Hinterbliebene eine entsprechende Bedeutung zu, wenn sie anwaltlichen Beistand im Ermittlungsverfahren benötigen. Denn auch wenn absehbar ist, dass wegen Tod der/des Beschuldigten keine Hauptverhandlung stattfinden wird, werden ggf. weitere Ermittlungen gegen etwaige Mitbeschuldigte geführt. Auf diese Weise erhalten Betroffene dennoch Schutz und Partizipation.

---

[57] Vgl. Kilchling, 2018, S. 44.

[58] Vgl. Helmken, 2020, S. 384.

[59] Die Rechtspraxis scheint dies schon umzusetzen: „*Die Bundesanwaltschaft und das Bundeskriminalamt seien rund 300 Hinweisen und Spuren zur Aufklärung der Hintergründe des Anschlags nachgegangen, darunter auch den Anregungen der Opferanwälte.*" Spiegel-Artikel vom 16.12.2021, https://www.spiegel.de/panorama/justiz/anschlag-in-hanau-generalbundesanwalt-stellt-ermittlungen-von-hanau-ein-a-73744d58-e735-4a8a-96f0-20e94c7242db, (16.03.2022).

6.5   Äußerungsrechte zu den Tatfolgen – Victim Impact Statement?

Opfer haben das Bedürfnis, gehört zu werden („voice"). In Kapitel 3 wurde die Bedeutung der Anhörung im Kontext von wahrgenommener Verfahrensgerechtigkeit, dem Konzept von *therapeutic justice* und den damit verbundenen Erwartungen an eine ‚Heilung' des Opfers erörtert. Ungeachtet der Schwierigkeit, solche Effekte messen zu können und der differenzierten Einordnung in der Studie von Lens et al.[60] ist zu fragen, ob und welche Entsprechungen sich im deutschen Strafprozessrecht finden.

Zunächst eröffnet sich über § 46 Abs. 2 StGB die Möglichkeit, in der Zeugenvernehmung nach den Auswirkungen der Tat zu fragen. Dabei können die Folgen der Tat in die Strafzumessung einfließen. Durch das STORMG[61] vom 14.03.2013 wurde § 69 Abs. 2 S. 2 StPO eingefügt, wonach Verletzten die Gelegenheit einzuräumen ist, sich zu den Auswirkungen der Tat zu äußern. Diese Vorschrift hat angesichts des existierenden § 46 Abs. 2 StGB lediglich klarstellenden Charakter und soll die Praxis daran erinnern, das Gehör von Verletzten umzusetzen. Die Angaben eines/einer verletzten Zeugen/Zeugin sind begrenzt durch § 244 Abs. 2 StPO.[62] Gehen die Angaben von Zeugen über die Auswirkungen der Tat hinaus, z. B. durch Äußerungen zu Strafwünschen, ist es Aufgabe des Gerichts, diese Angaben in Ausübung der Sachleitungsbefugnis nach § 238 Abs. 1 StPO zu begrenzen. Dabei gilt die Vorschrift für alle richterlichen Vernehmungen und über § 161a Abs. 1 S. 2 StPO und § 163 Abs. 3 S. 1 StPO auch in staatsanwaltschaftlichen und polizeilichen Vernehmungen. Im Regelfall wird ein Verletzter/eine Verletzte nicht nur zur Vernehmung im Ermittlungsverfahren, sondern auch zum Hauptverhandlungstermin zu laden sein. Ob ein Zeuge/eine Zeugin für die Wahrheitsermittlung tatsächlich benötigt wird, entscheidet jedoch das Gericht. Eine Verpflichtung zur Ladung eines Zeugen/einer Zeugin, um das Äußerungsrecht umzusetzen, besteht nicht.[63]

Sofern Nebenkläger/innen nicht als Zeuge/Zeugin gehört werden, besteht für diese nach §§ 397 Abs. 1 S. 4 und 258 Abs. 1 StPO eine weitere Möglichkeit zur Äußerung im Rahmen des Schlussvortrags. Die Gestaltung dieser Vorträge sind an keine bestimmte Form gebunden; inhaltlich dürfen sie sich nur auf das

---

[60] Vgl. Lens et al., 2015, S. 17 ff.

[61] STORMG vom 14.03.2013, BGBl. I 1805.

[62] BR-Drs. 213/11, S. 12.

[63] BeckOK/Monka, 42. Ed. 1.1.2022, StPO § 69 Rn. 2–7; KK-StPO/Slawik, 8. Aufl. 2019, StPO § 69 Rn. 1–10.

beziehen, was Gegenstand der Hauptverhandlung war.[64] Die Kommentarliteratur räumt in diesem Fall Nebenkläger/innen die Möglichkeit ein, sich auch zu den Rechtsfolgen erklären zu dürfen, dem Gericht Anregungen im Hinblick auf eine Auslösung der Aufklärungspflicht zu geben und i. S. d. VIS die Auswirkungen der Tat auf das eigene Leben darzustellen.[65] Eine derart weitgehende Gestaltung des Schlusswortes begegnet jedoch Bedenken, da der Gesetzgeber sich in den zuvor diskutierten Vorschriften explizit auf die Tatfolgen bezieht.

Folglich kann resümiert werden, dass in mehreren Verfahrensstadien Möglichkeiten bestehen, sich zu den Folgen der Tat zu äußern. Dieser Aspekt ist dem niederländischen Modell des VIS[66] nicht unähnlich, abgesehen davon, dass es keinen durchsetzbaren Anspruch gibt, gehört zu werden. Zudem ist eine schriftliche Äußerungsmöglichkeit nicht vorgesehen. Wird jedoch auf eine Zeugenladung verzichtet, besteht lediglich für Nebenkläger/innen eine Möglichkeit zur Äußerung im Rahmen des Schlussvortrags. Das Rechtsinstitut der Nebenklage wird unter etlichen Aspekten, wie der Verschiebung der Waffengleichheit, der problematischen Doppelrolle als Partei und zugleich als Zeuge, der Ermöglichung von vergeltungsorientiertem Handeln und einer Beeinflussung der richterlichen Strafzumessung zu Ungunsten des/der Angeklagten kritisiert. Dabei wird eine potenzielle Erhöhung der Strafe auf emotionale Einflüsse wie Mitleid mit den Opfern zurückgeführt.[67] Einer aktuellen deutschen Studie zufolge ist kein entsprechender Zusammenhang nachweisbar. Im Rahmen der Studie wurden 325 Juristen/Juristinnen befragt, die angaben, häufig durch die Aussage von Nebenkläger/innen emotional betroffen gewesen zu sein. Sie seien sich dessen jedoch bewusst gewesen und die Strafzumessungsentscheidung sei daher besonders rational orientiert getroffen worden.[68] Bedenken, dass die dargestellten Äußerungsrechte die Rechte von Beschuldigten bzw. Angeklagten durch eine Emotionalisierung des Verfahrens einschränken, greifen daher nicht. Gleichwohl wird ein Bedarf für eine gesetzliche Implementierung eines VIS-Modells – analog zu den Niederlanden – nicht befürwortet, da hervorgehoben werden konnte, dass die existierenden Vorschriften im Ermittlungs- und Hauptverfahren ausreichend Optionen zur Äußerung über die Tatfolgen bieten. Ergänzend können Tatfolgen über Gerichtshilfeberichte in das Verfahren eingebracht werden, was in Abschnitt 6.8 vorgestellt wird.

---

[64] HK-GS/Stefan König/Stefan Harrendorf, 5. Aufl. 2022, StPO § 258, Rn. 3–14.

[65] KK-StPO/Ott, 8. Aufl. 2019, StPO § 258 Rn. 9.

[66] Siehe Kapitel 5.

[67] Vgl. Barton/Flotho, 2010, S. 27 ff.

[68] Vgl. Wucherer, 2021, S. 466.

6.6   Zwischenergebnis

Die überlebenden Verletzten und die Angehörigen von Getöteten eines terroristischen Anschlags nehmen eine prozessuale Doppelrolle als Verletzte i. S. d. § 373b StPO und als Zeugen/Zeuginnen ein. Ihr viktimologischer Status als Opfer wird in einem frühen Verfahrensstadium anerkannt und unterliegt in der Regel keiner Infragestellung. Zudem kommt ihrer Zeugenaussage für die Wahrheitsermittlung angesichts weiterer Beweismittel keine erhebliche Rolle zu. Folglich sind die Rechte des/der Beschuldigten in der Abwägung der Gewährung der strafprozessualen Opferrechte weniger als bei anderen Straftaten tangiert. Die prozessuale Ausgangssituation stellt sich für Anschlagsopfer somit in diesen Punkten entgegenkommender dar als für differente Opfergruppen und minimiert Ansatzpunkte für verfahrensinduzierte Sekundärtraumatisierungen. Eine weitere Privilegierung ergibt sich aus der Anerkennung der besonderen Schutzbedürftigkeit von Opfern terroristischer Anschläge nach § 48 Abs. 1 StPO aufgrund der Art und Umstände der Straftat. Begrüßenswert ist zudem die zum 01.07.2021 erfolgte Einführung einer Verletztendefinition in der StPO, die Opfern mehr Rechtssicherheit als die bisherige Ausgestaltung durch die Rechtsprechung gibt und zugleich die erforderliche Anpassung an das EU-Recht umsetzt. Der vorstehende Überblick hat aufgezeigt, dass die bestehende Gesetzgebung die Informations- und Partizipationsbedarfe von Anschlagsopfern überwiegend erfasst und keine eklatanten Schutzlücken festgestellt werden konnten. Somit lässt sich zumindest für Anschlagsopfer keine Notwendigkeit für eine weitere Implementierung von Opferschutzrechten konstatieren. Einzig die partielle Benachteiligung von Lebensgefährten/Lebensgefährtinnen entspricht nicht mehr der Lebenswirklichkeit im 21. Jahrhundert. Gleichwohl sollten aufgrund obiger Ausführungen diverse Nachbesserungen vorgenommen werden:

– Ergänzung des § 406d Abs. 1 StPO um das Recht, im Sechs-Monats-Turnus auf Antrag eine Mitteilung über den Verfahrensstand zu erhalten,
– Wegfall der *besonderen Schutzbedürftigkeit* in § 406 Abs. 3 S. 2 StPO, sodass für Anschlagsopfer die psychosoziale Prozessbegleitung, die ihnen bereits zusteht, kostenfrei wird,
– Änderung von § 406e StPO dahingehend, dass eine Akteneinsicht in Großverfahren für den Verletzten auch bei anwaltlicher Vertretung in der Regel ausschließlich persönlich bei der aktenführenden Stelle erfolgt, sofern dem Informationsbedürfnis nicht durch Übersendung von Kopien bestimmter

Aktenbestandteile Rechnung getragen werden kann. Die gewünschten Akten-
teile wären dabei exakt zu bezeichnen, während das individuelle Interesse
darzulegen wäre.[69]

– Den § 395 Abs. 2 S. 1 StPO ersetzen durch: *Verletzte im Sinne
§ 373b Abs. 2 StPO*. Damit stünden Lebensgefährten/Lebensgefährtinnen
und weiteren Verwandten in gerader Linie die Befugnis zur Nebenklage
zu. Daraus resultiert die Möglichkeit zur Beiordnung eines Beistands nach
§ 406h Abs. 1 StPO.

– Ergänzung von § 406h Abs. 2 S. 4 StPO um *...oder Beweiserhebungen
anzuregen.*

Der Fokus sollte nicht nur auf rechtlichen Maßnahmen liegen, sondern auch
etwaige Formen von Unterstützung in Betracht ziehen. Die Ergänzung eines
bestehenden Konzepts wird unter Punkt 6.8 erörtert.

6.7 Rechtsstaatliche Grenzen

Nicht unerwähnt bleiben sollen Opferbedürfnisse, die kritisch zu betrachten
sind. Zurückgehend auf die *Restorative-Justice*-Bewegung und deren Begründer
Howard Zehr wird häufig die Relevanz einer Entschuldigung für den Heilungsprozess betont.[70] Neuere psychologische Forschung bestätigt, dass selbst eine
nicht freiwillig ausgesprochene Entschuldigung bei Opfern von Straftaten Stress
senkt, den sozialen Status wiederherstellt und den Heilungsprozess durch Anerkennung, Wertschätzung und einem Abschließen mit der Straftat unterstützt.
Obwohl Menschen eine ernsthafte Entschuldigung präferieren, akzeptieren sie
selbst dann eine Entschuldigung, wenn sie an deren Ernsthaftigkeit zweifeln.[71]
Wenn ein Angeklagter das intrinsische Bedürfnis hat, sich zu entschuldigen, kann
er dies jederzeit und bis zum letzten Wort im Hauptverhandlungstermin tun. Dies
mag sich dann strafmildernd auswirken. Nicht statthaft sollte es dagegen sein,

---

[69] Der vorstehende Vorschlag soll nur eine Idee transportieren. Die Ressourcen der Justiz
reichen vermutlich nicht zur Umsetzung aus, andererseits hat ohnehin eine Prüfung nach
§ 406e Abs. 2 S. 1StPO hinsichtlich der schutzwürdigen Interessen des Beschuldigten und
Dritter zu erfolgen, die sich in Großverfahren ebenfalls aufwändig darstellen könnte. Eine
Neugestaltung des § 406e StPO wird jedenfalls für diskussionswürdig erachtet.

[70] Vgl. Zehr, 2003, S. 13.

[71] Vgl. Geeraets/Veraart, 2020, S. 62, m.w.N. zur die aktuellen Forschung.

auf Entschuldigungen hinzuwirken oder diesbezügliche Formen gesetzlich implementieren zu wollen. Geeraets und Veraart[72] weisen in diesem Kontext zu Recht auf den Umstand hin, dass psychologische Forschung nicht ohne Beachtung grundlegender Prinzipien des Rechtssystems in dieses übertragen werden sollte. Die Forschung zur Bedeutung der Entschuldigung hat vornehmlich die positiven Effekte analysiert, jedoch nicht, weshalb eine unfreiwillig hervorgebrachte Entschuldigung als hilfreich eingeschätzt wurde. Die beiden Forscher, Geeraets und Veraart, führen den Wert der wiederhergestellten Würde des Opfers darauf zurück, dass in einer forcierten Entschuldigung beschämende Elemente enthalten seien und die durch die Straftat erfahrene Demütigung somit zurückgegeben werde. Erzwungene öffentliche Geständnisse und die damit verknüpfte öffentliche Demütigung seien insbesondere aus totalitären Staaten bekannt. Erwachsene Menschen zu einer Entschuldigung zu zwingen und sie damit auf einen infantilen Status zu degradieren, gelte bereits seit Kolonialzeiten und der Sklaverei als bewusste Form der Demütigung.[73] Den beiden Forschern ist zuzustimmen, dass sie den Vorschlag aus der psychologischen Forschung, das Rechtssystem solle dem pädagogischen Beispiel der Eltern folgen, entschieden zurückweisen.[74] Hier wäre in der Tat die Würde eines Angeklagten und damit die Fairness des Verfahrens infrage gestellt. Auch gut gemeinte Anregungen der Prozessbeteiligten in Richtung einer Entschuldigung sollten folglich unterbleiben. Sofern ein Angeklagter nicht das intrinsische Bedürfnis verspürt, sich im Hauptverhandlungstermin zu entschuldigen, sollen Entschuldigungen eher außerhalb der Strukturen des Strafgesetzes auf freiwilliger Basis stattfinden.

„Während der Verteidiger als der einzige Freund des Angeklagten im Gerichtssaal gilt, hat der Nebenkläger viele Freunde."[75] Eine Folge der erweiterten Opferrechte ist die Vielzahl der Menschen, die sich im Gericht an der Seite des Opfers einfinden können. Werden alle zur Verfügung stehenden Optionen in Anspruch genommen, können private Vertrauenspersonen, mehrere Nebenklageanwälte/Nebenklageanwältinnen, die psychosoziale Prozessbegleitung und die Zeugenbetreuungsstelle des Gerichts dem Opfer im Termin ‚beistehen'. Handelt es sich um ein Großverfahren mit zahlreichen Nebenklageberechtigten, dürfte der Grundsatz der Waffengleichheit zulasten der Angeklagten stark tangiert sein, wodurch das Gericht organisatorisch an die Grenzen stößt. Es ist jedoch zu bezweifeln, dass es sich für die meisten Opfern als hilfreich erweist, wenn sich

---

[72] Vgl. Geeraets/Veraart, 2020, S. 63.
[73] Vgl. Geeraets/Veraart, 2020, S. 67.
[74] Vgl. Geeraets/Veraart, 2020, S. 68.
[75] Schwenn, 2002, S. 115.

jede/r, der darf, am Verfahren beteiligt. In diesem Zuge sind individuellere Lösungen gefragt, die sich an den Bedürfnissen der Opfer orientieren. Während für einige der rechtliche Beistand am bedeutsamsten sein kann, genügt für andere die gerichtliche Zeugenbetreuung. Ein erster rechtlicher Schritt ist die eingeführte Gruppenvertretung bei der Nebenklage. Hier ist weiterer Diskussionsbedarf für einen gezielteren Beistand der Zeugen gegeben. Zudem sollte berücksichtigt werden, dass bei Menschen, die eine schwere Traumafolgestörung erlitten haben, möglicherweise keine Form der Opferrechte das Belastungsempfinden durch das Verfahren mindern kann. Es gilt folglich zu prüfen, wem welche Maßnahme bestmöglich hilft oder zumindest nicht schadet – weder den Opfern noch den Angeklagten.

6.8 Das Modell der Opferstaatsanwältinnen/Opferstaatsanwälte

Nachfolgend sollen konzeptuelle Entwürfe zur Flankierung der im vorherigen Kapitel diskutierten Opferrechte erörtert werden. Als Grundlage dient die Einrichtung einer *Arbeitsgruppe Opferstaatsanwältinnen/Opferstaatsanwälte „Task Force"* beim Generalbundesanwalt (GBA).[76] Diese wurde eingerichtet, um Defiziten zu begegnen, die sich in der Unterstützung der Opfer nach dem Anschlag am Breitscheidplatz in Berlin am 19.12.2016 gezeigt hatten. Einer der Kernpunkte der Kritik war das Fehlen einer zentralen Ansprechperson für Betroffene.[77] Organisatorisch werden bei einem Großschadensereignis zwei Teams von Opferstaatsanwältinnen/Opferstaatsanwälten tätig – eine Einheit am Ereignisort und eine am Dienstsitz des GBA. Letztere hat die Aufgabe, die Zusammenarbeit mit dem Ermittlungsteam und dem Krisenreaktionszentrum im Auswärtigen Amt zu koordinieren. Das Team vor Ort wird im Einsatzabschnitt *Betreuung* der Polizei mit dem Ziel tätig, schnellstmöglich Informationserhebungen zu Geschädigten und zu deren Aufenthaltsort zu veranlassen, diese zu verifizieren und die Erstellung der sog. ‚Opferlisten' zu koordinieren. Dabei ist das Gesamtteam alleiniger Ansprechpartner (*„single point of contact"*) für sämtliche strafprozessualen Opferbelange. Sie entscheiden über die Freigabe der Ermittlungsergebnisse an Angehörige, Opfer und ggf. weitere Berechtigte und sind u. a. für Obduktionsanordnungen,

---

[76] BT-Drs. 19/4520, S. 8 (Bericht der Bundesregierung über Maßnahmen zur Verbesserung der Situation von Terroropfern).

[77] Zu allen Kritikpunkten: vgl. https://www.bmj.de/SharedDocs/Downloads/DE/News/Artikel/121317_Abschlussbericht_Opferbeauftragter.pdf?__blob=publicationFile&v=1, (18.03.2022).

Leichenfreigaben und Bestattungsgenehmigungen zuständig. Nach der Akutphase entscheidet das Team bspw. über die Rückgabe von Gegenständen der
Opfer, Akteneinsichtsgesuche bzw. über die Freigabe von Ermittlungsergebnissen,
über Nebenklageberechtigungen und hält Kontakt zu den Opferbeauftragten von
Bundes- und Landesregierung, Ministerien sowie den anwaltlichen Vertretungen
der Opfer. Dabei soll der Fokus in der Akutphase und der folgenden prozessualen
Phase auf den Opfern und deren Informationsinteressen liegen.[78] Im Bewusstsein des Spannungsfeldes von sich widerstreitenden Rechten und Interessen wird
ein pragmatischer Zugang nach „*…Herstellung einer praktischen Konkordanz von
staatsanwaltlichen Ermittlungen und den Informationsbedürfnissen der Opfer in
dieser speziellen Fallkonstellation*"[79] gewählt.

Dieses Modell ist zu begrüßen. Die alleinige Zuständigkeit als Ansprechstelle – bereits in der Akutphase – verhindert Zeit- und Reibungsverluste in
Zuständigkeitsabgrenzungen mit den örtlichen Staatsanwaltschaften und Poli-
zeien. Wenn Angehörige über Stunden oder Tage keine Auskunft erhalten
können, wo sich eine verletzte oder getötete Person befindet, verschlimmert dies
eine ohnehin belastende Situation umso mehr. Gleiches gilt für Möglichkeiten,
Abschied von Verstorbenen zu nehmen oder diese bestatten zu können. Dem
Informationsbedürfnis der Betroffenen wird daher Rechnung getragen. Ferner
wird durch eine frühzeitige Koordination der Opferlisten und deren Verifizie-
rung die Statusanerkennung als Opfer hergestellt und damit die Möglichkeit,
Zugang zu den Hilfsangeboten zu erhalten. Neben dem Informationsbedürfnis ist
diesbezüglich der Schutzzweck relevant, wonach das Risiko der Betroffen vor
Sekundärviktimisierungen durch inadäquate Reaktionen der Behörden minimiert
werden soll.

Nach dem Anschlag in Hanau wurden den Anwältinnen/Anwälten der Opfer
drei Monate nach der Tat Teile der Ermittlungsergebnisse als Schreiben in
elektronischer Form übermittelt (sog. ‚teilweise Akteneinsicht'). Darüber hinaus wurden den Hinterbliebenenfamilien jeweils Informationsgespräche in einem
privaten Rahmen angeboten.[80] Mit einem derartigen Vorgehen eröffnet sich
eine zielführende Option, dafür Sorge zu tragen, dass die Informationen nicht
nur übermittelt, sondern auch verstanden werden. Gleichzeitig wird hier eine
Botschaft der Anerkennung des Leids transportiert. Dem Bedürfnis nach Interaktion und Kommunikation wird somit Rechnung getragen. Wird diese staatliche
Herangehensweise als respektvoll wahrgenommen und damit Zugehörigkeit zu

---

[78] BT-Drs. 19/4520, S. 8; Hessischer Landtag, INA 20/23 vom 14.05.2020, S. 9–13.
[79] Bundesanwalt Thomas Beck, INA 20/23, S. 12.
[80] BT-Drs. 19/4520, S. 12.

einer Gemeinschaft signalisiert, mag ein Beitrag zur Verfahrensgerechtigkeit erfolgt sein.[81] Im günstigsten Fall erfolgt im Zuge dessen die Förderung der Akzeptanz des Ermittlungsverfahrens, sodass verfahrensimmanente – individuelle – Belastungsfaktoren zu reduzieren sind. Dies kann sich insbesondere bei Opfern mit diskriminierenden Vorerfahrungen als entlastend auswirken. Zudem handelt es sich bei den Informationsgesprächen um ein freiwilliges Angebot, sodass die Betroffenen bedürfnisorientiert über die Annahme autonom entscheiden, wodurch sie die – durch die Straftat verlorene – Kontrolle behalten. Ferner ist in vorgenanntem Vorgehen keine Beeinträchtigung der prozessualen Rechte von Beschuldigten zu erkennen. Möglichen Interessenskonflikten oder emotionalen Einflüssen wird durch die Trennung von Opferzuständigkeit und Ermittlungszuständigkeit begegnet. Sofern es zu keiner Hauptverhandlung kommt, könnte ein persönliches Gespräch wenigstens in Teilaspekten, dem Wunsch gehört zu werden (*Voice*), gerecht werden. Ferner wäre hier Gelegenheit, Anregungen zu weiteren Beweiserhebungen anzubringen. In diesem Fall scheint sich eine pragmatische Option abzubilden, die Fragen der Opfer durch die Strafjustiz zu beantworten – sowohl die tatsächlichen verfahrensorientierten Fragen als auch die dahinterliegenden sozialpsychologischen Anliegen. In Großverfahren dauern die Ermittlungen oft lange an, bis es zu einer Einstellungsverfügung oder einer Anklageerhebung kommt. Betroffene können sich zu diesem Zeitpunkt in der „Phase der Desillusionierung"[82] befinden. Zudem sind Helfende erschöpft und möchten in die Normalität zurückkehren, wodurch für die Betroffenen u. U. das Unterstützungssystem und die zur Stabilisierung essenzielle Einbindung in die soziale Gemeinschaft wegfällt. Dieser Problematik sollte sich auch die Strafjustiz bewusst und dafür sensibilisiert sein. Diesbezüglich ist ebenfalls vorstellbar, dass kommunikative Maßnahmen stützend sein könnten. Wünschenswert wäre eine Evaluation des Konzepts der *Opfer-Task-Force*, um feststellen zu können, welche Maßnahmen aus welchen Gründen greifen und welche ineffektiv sind.

Das Konzept der Opferstaatsanwältinnen/Opferstaatsanwälte sieht eine Präsenz am Ereignisort und eine vorbereitende Tätigkeit vor, bis die formelle Übernahme des Verfahrens durch den GBA erfolgt ist. Das Team ist dann sofort handlungsfähig.[83] Eine Schutzlücke entsteht jedoch, wenn das Tatmotiv als nicht überwiegend terroristisch eingeordnet wird und die Ermittlungen an eine Generalstaatsanwaltschaft oder die örtliche Staatsanwaltschaft übergehen. Damit endet die Zuständigkeit der Task-Force für die Opfer. Opfer von

---

[81] Hierzu Kapitel 5 zum „*Group Value Model*".

[82] Siehe Anhang I.

[83] BT-Drs. 19/4520, S. 8.

Amokfahrten oder Amokläufen sind jedoch vor ähnliche Herausforderungen gestellt wie Opfer terroristischer Taten, auch wenn die politische Dimension nicht im gleichen Umfang gegeben ist. Zudem reichen bei Großschadenslagen die regulären Hilfestrukturen nicht aus. Es wäre daher wünschenswert, wenn bei *Großschadenslagen* oder *Straftaten von öffentlicher Bedeutung mit hohem medialen Interesse, gesellschaftlicher und politischer Relevanz* aufgrund der daraus resultierenden besonderen Schutzbedürftigkeit der Betroffenen das Modell der Opferstaatsanwältinnen/Opferstaatsanwälte auf die Generalstaatsanwaltschaften und Staatsanwaltschaften übertragen und entsprechende Ressourcen geschaffen werden.

Ergänzt werden könnte das Modell durch den Einsatz der sozialen Dienste der Justiz, da die Gerichtshilfe Ermittlungshilfe für die Staatsanwaltschaft (§ 160 Abs. 3 S. 2 StPO) sein kann. Sie ist imstande, die Staatsanwaltschaft dabei zu unterstützen, die Aspekte zu eruieren, die für die Rechtsfolgen der Tat relevant sein können (§ 160 Abs. 3 S. 1 StPO). Es ist ferner zulässig, die Gerichtshilfe mit weiteren Aufgaben, wie Opferberichten über körperliche und psychische Folgen, zu betrauen, da in diesem Kontext das spezifische sozialpädagogische Fachwissen der Mitarbeitenden der Gerichtshilfe gefragt ist. Die Erkenntnisse der Gerichtshilfe werden durch eine Anhörung im Hauptverhandlungstermin als (sachverständiger) Zeuge oder Sachverständiger eingeführt. Der „Opferbericht" der Gerichtshilfe darf zudem nach § 251 Abs. 1 Nr.1 StPO verlesen werden.[84] Für eine Hinzuziehung der Gerichtshilfe in Anschlagsfällen spricht, dass es sich um ein freiwilliges Angebot handelt und die Betroffenen in geschützter Atmosphäre über die Tatfolgen sprechen können und somit Gehör finden. Dabei kommt die Verlesung des Berichts in der Hauptverhandlung der Idee des VIS nahe. Zeugen/Zeuginnen, die vom Gericht nicht gehört werden[85], erhalten auf diese Weise eine Partizipationsmöglichkeit. Zudem hat ein schriftlicher Bericht durch Zwischenschaltung der „Gerichtshilfeinstanz" mehr emotionale Distanz als eine persönliche Aussage. Es wäre überdies zu erforschen, ob das Angebot eine höhere Kontrolle über den Genesungsprozess bedingen könnte, wie es die Studie von Lens et al. thematisiert.[86] Ferner könnte die Gerichtshilfe im Sinne der strafprozessualen Informationsverpflichtungen, insbesondere nach §§ 406j, 406k StPO auf weitere Hilfsangebote aufmerksam machen und potenzielle Fragen zu Prozessabläufen beantworten. Dabei ist die Gerichtshilfe in positiv motivierender

---

[84] BGH, Urteil vom 26.09.2007–1 StR 276/07, NStZ 2008, 709 (710).

[85] Siehe Abschnitt 6.5.

[86] Vgl. Lens et al., 2015, S. 30.

Gesprächsführung geschult und kann Betroffene zukunftsperspektivisch unterstützen, um einem – unbewussten – Verharren in der Opferrolle zu begegnen.
Über diese Optionen verfügt ein Gericht nicht. Zudem ist die Gerichtshilfe Teil
des (Justiz-)Systems, von dem sich Betroffene einen respektvollen Umgang wünschen, sodass auch hier ein Element der Verfahrensgerechtigkeit zum Tragen
kommen könnte. Ein Risiko könnte dann vorliegen, wenn der Gerichtshilfebericht
nicht die Zustimmung des Opfers findet, weil bspw. Hinweise auf pathologische
Folgeerscheinungen festgestellt werden, jedoch keine Krankheitseinsicht besteht.
In diesen nicht häufig zu erwartenden Fällen mag sich ein Opfer durch das System erneut viktimisiert fühlen, was jedoch nicht zu ändern ist. Allenfalls kann das
Gericht, wenn es im Sinne der Wahrheitsfindung möglich ist – trotz gegenteiligem
Wunsch des Opfers – aus Schutzgründen von einer Zeugenvernehmung absehen.
Auch wenn keine Hauptverhandlung stattfinden wird, wäre es eine Überlegung
wert, den Betroffenen Gerichtshilfegespräche anzubieten. Dem Ermittlungsverfahren schadet es nicht und die Berichte wären Bestandteil einer Ermittlungsakte,
die bei einem terroristischen Anschlag zu einem zeitgeschichtlichen Dokument
wird. Betroffenen könnte diesbezüglich signalisiert werden, dass der Staat sie
als Betroffene und dem damit verbunden Leid anerkennt und ein Interesse hat,
zu hören, wie es ihnen geht und ihre Angaben für eine lange Zeit in einem
Dokument festgehalten haben möchte.

Die Gerichtshilfe gehört gemäß Art. 294 Abs. 1 EGStGB zum Geschäftsbe-
reich der Landesjustizverwaltungen. Beim GBA sind nach Wissen der Verfasserin
keine sozialen Dienste angesiedelt. Es wäre daher zu überlegen, ob dem GBA die
Möglichkeit eingeräumt wird, die Gerichtshilfe über die Landesjustizverwaltungen nach Wohnortzuständigkeit der Betroffenen zu beauftragen. Anschlagsopfer
wohnen nicht immer am Anschlagsort, sondern leben an unterschiedlichen Orten
in Deutschland. Folglich hätte eine Beauftragung der Gerichtshilfe am Wohnort
den Vorteil, dass ohne weite Anreisen durchaus ein zweites Gespräch möglich
und aufgrund der Vernetzung der Gerichtshilfe mit den örtlichen Hilfestrukturen
bei Bedarf eine passgenaue Vermittlung in das Hilfesystem vor Ort gewährleistet
wäre.

Fazit und Ausblick 7

Die Fragen der Anschlagsopfer sind psychosoziale Bedürfnisse. Die Straftat war eine von Ohnmacht und Kontrollverlust geprägte Erfahrung, die einerseits Fragen nach dem *Warum* und *Warum ich* aufwirft und andererseits Handlungen erfordert, um Balance und Normalität wiederzufinden. Dazu bedarf es der Interaktion und der Kommunikation. Eine der Empfänger/innen der *Fragen* sind Strafverfolgungsbehörden bzw. Strafjustiz. Opfer suchen nach der Wahrheit und der Feststellung von Verantwortung. Sie wünschen sich Anerkennung als Opfer und des damit verbundenen Leids, Gehör, Beteiligung, verständliche Informationen und eine respektvolle Behandlung als Experte/Expertin für den individuellen Fall. Diese Bedürfnisse sind für Opfer terroristischer Anschläge und Opfer schwerer Gewalttaten identisch. Gemessen an diesen Erwartungen scheinen die Ziele der Opfer und die des Strafprozesses zunächst in ihren Zwecken – wie der Suche nach Wahrheit, Gerechtigkeit und Rechtsfrieden – nicht wesentlich voneinander abzuweichen.

Um Opfer in ihrer Doppelrolle als Zeuge/Zeugin und Verletzte/r vor einer weiteren Viktimisierung durch das Verfahren zu bewahren, erfolgte in den vergangenen Jahrzehnten die Normierung von Beteiligungs-, Informations-, Partizipations- und Schutzrechten in der Strafprozessordnung. Wie vorstehende Untersuchung aufgezeigt hat, sind diese bis auf geringfügige Modifikationen grundsätzlich geeignet und erforderlich, um Opferzeugen/Opferzeuginnen eines Anschlags zu schützen und ihre Interessen zu wahren. Ihre Begrenzung erfahren die Opferrechte dort, wo sich psychosoziale Bedürfnisse aufgrund des normativen Charakters der Rechtswissenschaft und rechtsstaatlicher Grundsätze zum Schutz des Angeklagten/der Angeklagten nicht in die Systemlogik des Strafverfahrens übertragen lassen. Dies mag zu Enttäuschungen führen, beim Opfer selbst oder anderen Unterstützungssystemen. Enttäuschungen sind allerdings keine erneuten Viktimisierungen. Bringt eine Hauptverhandlung aufgrund des Schweigens eines/einer

© Der/die Autor(en) 2023
U. Hochstätter, *Die Fragen der Opfer im Strafprozess*, BestMasters,
https://doi.org/10.1007/978-3-658-40530-4_7

Angeklagten bspw. kein Motiv der Tat zutage, müssen Betroffene differente Möglichkeiten finden, um innerlich abschließen zu können.

Dennoch hat auch das Verfahren auf dem Weg zu einem Urteil einen ‚Eigenwert': Um trotz offener Fragen und Begrenzungen des Gerichts bei der Wahrheitssuche ein Verfahren als gerecht wahrnehmen zu können, bedarf es weiterer informeller Zugänge. Dies können Elemente aus der „*interactional*" und „*therapeutical justice*", wie in Kapitel 3 dargestellt, oder neue Konzepte, wie das der *Opferstaatsanwältinnen/Opferstaatsanwälte,* sein. Gleichwohl sind die Wirkungen dieser Konzepte weiterhin ungeklärt, sodass es empfehlenswert ist, die empirische viktimologische Forschung, die in Deutschland nahezu zum Stillstand gekommen zu sein scheint, erneut aufzunehmen. Ausgehend von den Erkenntnissen der vorliegenden Arbeit konnte ein Mangel an aktuellen Studien zur Verfahrensgerechtigkeit und zu potenziellen Wirkungen neuer Konzepte wie *interactional justice,* insbesondere bei psychisch schwer belasteten Opfern, festgestellt werden. Ebenso sind potenzielle Unterschiede in der Bewältigungserfahrung zwischen Hinterbliebenen und Überlebenden, der Täter-Opfer-Status-Wechsel bei (terroristischen) Anschlägen sowie die gesellschaftlichen Bewältigungsdynamiken nach einem Anschlag bisher unerforscht. Gleichermaßen bedarf es der wissenschaftlichen Begleitung und Evaluation von angewandten Konzepten (Opferstaatsanwaltschaft). Diese Erkenntnisse können dazu dienen, eine vulnerable Opfergruppe vor Reviktimisierungen präventiv zu schützen.

Von einer Annahme der grundsätzlichen potenziellen Schädigung durch ein Strafverfahren kann sich im Falle von Anschlagsopfern verabschiedet werden: Die Schädigung scheint in diesen Fällen erheblicher, wenn ein Gerichtsverfahren nicht stattfinden kann.

Anschlagsopfer weisen neben ähnlichen Bedürfnissen wie Opfer anderer schwerer Gewalttaten den besonderen Wunsch nach öffentlicher Anerkennung als Opfer einer politischen Tat auf. Dies gilt sowohl für Hinterbliebene von Getöteten und als auch für überlebende Verletzte. Beide Gruppen sind gleichermaßen psychisch betroffen; rechtlich sind sie ebenso gemäß § 397b StPO gleichgestellt. Generell tragen Anschlagsopfer ein höheres Risiko, schwerer und dauerhafter an posttraumatischen Folgestörungen zu erkranken als andere Opfer. Des Weiteren bedienen sich Politik, Medien und Gesellschaft insbesondere bei terroristischen Anschlägen der privaten Tragödie der Überlebenden und Hinterbliebenen. Diese sich vielfach überlagernden Instrumentalisierungen verlängern Viktimisierungserleben und Erholungsprozesse: mithin sind Anschlagsopfer als besonders schutzbedürftig i. S. § 48a StPO anzusehen. Prozessrechtlich sind sie daher überwiegend privilegiert: Sie können sich in zahlreichen Fällen ohne

Kostenrisiko anwaltlicher Hilfe oder psychosozialer Beistände bedienen. Angesichts der geringen Bedeutung ihrer Zeugenaussage für den Erkenntnisgewinn sind die Opferrechte zudem weitgehend ausschöpfbar, ohne dass die Rechte Angeklagter tangiert sind. Die minimierte Viktimisierungsgefahr im Verfahren ermöglicht für Anschlagsopfer die Fokussierung auf ihre eigene Antwortsuche. Gleichzeitig beinhaltet das Gerichtsverfahren durch Anhörung der Verletzten die für diese bedeutsame öffentliche Anerkennung als Opfer einer politischen Tat. Wie Reemtsma[1] bemerkt, ist das Gericht nicht der Ort der Therapie, in diesen Fällen aber auch nicht der Ort, an dem sich der eingetretene Schaden vergrößert.

---

[1] *„Das Gericht ist nicht Ort der Therapie. Sehr wohl aber der Ort, an dem der eingetreten Schaden vergrößert werden kann."* (Hassemer/Reemtsma, 2002, S. 132)

Literaturverzeichnis

Altheide, David L.: Terrorism and the politics of fear, in: Cultural Studies ↔ Critical Metho-
dologies, Bd. 6, Nr. 4, 2006, doi:https://doi.org/10.1177/1532708605285733, S. 415–439.

Argomaniz, Javier/Orla Lynch: Introduction to the special issue: The complexity of terrorism—Victims, perpetrators and radicalization, in: Studies in Conflict & Terrorism, Bd.
41, Nr. 7, 2017, doi:https://doi.org/10.1080/1057610x.2017.1311101, S. 491–506.

Barton, Stephan: Strafrechtspflege und Kriminalpolitik in der viktimären Gesellschaft.
Effekte, Ambivalenzen und Paradoxien, in: Stephan Barton/Ralf Kölbel (Hrsg.), Ambivalenzen der Opferzuwendung des Strafrechts: Zwischenbilanz nach einem Vierteljahr-
hundert opferorientierter Strafrechtspolitik, Baden-Baden, Deutschland: Nomos, 2012, S.
111–137.

Barton, Stephan/Christian Flotho: Opferanwälte im Strafverfahren, Baden-Baden, Deutschland: Nomos, 2010.

Barton, Stephan: Opferschutz, Verfahrensgerechtigkeit und Revisionsrechtsprechung: Nicht-
Nullsummenspiele? in: Stephan Barton (Hrsg.), Verfahrensgerechtigkeit und Zeugenbeweis, Baden-Baden, Deutschland: Nomos, 2002, S. 241–253.

Bierbrauer, Günter/Edgar Klinger: Verfahrensgerechtigkeit, in: Max Steller/Renate Volbert
(Hrsg.), Handbuch der Rechtspsychologie, Göttingen, Deutschland: Hogrefe, 2008, S.
507–518.

Birkel, Christoph/Daniel Church/Dina Hummelsheim-Doss/Nathalie Leitgöb-Guzy/Dietrich
Oberwittler/Deutschland Bundeskriminalamt: Der Deutsche Viktimisierungssurvey
2017: Opfererfahrungen, kriminalitätsbezogene Einstellungen sowie die Wahrnehmung
von Unsicherheit und Kriminalität in Deutschland, in: Bundeskriminalamt, 2019, https://
pure.mpg.de/rest/items/item_3039765_8/component/file_3039766/content   (abgerufen
am 01.04.2022)

Blum, Barbara: Die justizielle Opferzeugenbetreuung im Spannungsfeld zwischen Wahr-
heitsfindung und Opferhilfe, in: Stephan Barton (Hrsg.), Verfahrensgerechtigkeit und
Zeugenbeweis: Fairness für Opfer und Beschuldigte, Baden-Baden, Deutschland:
Nomos, 2002, S. 129–146.

Booth, Tracey: Victim impact statements, sentencing and contemporary standards of fair-
ness in the courtroom, in: Dean Wilson/Stuart Ross (Hrsg.), Crime, victims and policy:
International contexts, local experiences, Basingstoke, Vereinigtes Königreich: Palgrave
Macmillan, 2015, S. 161–183.

© Der/die Herausgeber bzw. der/die Autor(en) 2023   107
U. Hochstätter, *Die Fragen der Opfer im Strafprozess*, BestMasters,
https://doi.org/10.1007/978-3-658-40530-4

Bora, Alfons: Bedeutungen von Verfahrensgerechtigkeit, in: Stephan Barton (Hrsg.), Verfahrensgerechtigkeit und Zeugenbeweis: Fairness für Opfer und Beschuldigte, Baden-Baden, Deutschland: Nomos, 2002, S. 21–32.

Bosco, Francesca: Der Hack-Attack-Hype – Ein kritischer Blick auf die Berichterstattung über Terrorismus und Cyber-Terrorismus, in: Frank Robertz/Robert Kahr (Hrsg.), Die mediale Inszenierung von Amok und Terrorismus: Zur medienpsychologischen Wirkung des Journalismus bei exzessiver Gewalt, Wiesbaden, Deutschland: Springer, 2016, S. 119–134.

Böttger, Andreas: Rechtsextreme Gewalt am Beispiel qualitativer Analysen zu jugendlichen Tätern und Opfern, in: Dieter Hermann/Andreas Pöge (Hrsg.), Kriminalsoziologie: Handbuch für Wissenschaft und Praxis, Baden-Baden, Deutschland: Nomos, 2018, S. 383–397.

Christie, Nils: Heilung nach den Gräueltaten, in: Erich Marks/Wiebke Steffen (Hrsg.), Mehr Prävention – weniger Opfer: Ausgewählte Beiträge des 18. Deutschen Präventionstages, Mönchengladbach, Deutschland: Forum, 2014, S. 229–238.

Christie, Nils: The ideal victim, in: EA Fattah (Hrsg.), From crime policy to victim policy, Basingstoke, Vereinigtes Königreich: Palgrave Macmillan, 1986, S. 17–30.

Connolly, Jennifer/Ronit Gordon: Co-victims of homicide: A systematic review of the literature, in: Trauma, Violence & Abuse, Bd. 16, Nr. 4, 2014, doi:https://doi.org/10.1177/1524838014557285, S. 494–505.

Dahmen, Nicole Smith: Visually reporting mass shootings: U.S. newspaper photographic coverage of three mass school shootings, in: American Behavioral Scientist, Bd. 62, Nr. 2, 2018, doi:https://doi.org/10.1177/0002764218756921, S. 163–180.

Daniels, Gregory: Theater: The true asymmetric power of terrorism, in: The Diplomat, 19.03.2016, https://thediplomat.com/2016/03/theater-the-true-asymmetric-power-of-terrorism/ (abgerufen am 20.01.2022).

Davies, Pamela/Peter Francis/Chris Greer: Victims, crime and society: An introduction, 2. Aufl., London, Vereinigtes Königreich: Sage, 2017.

Dienstbühl, Dorothee: Extremismus und Radikalisierung: Kriminologisches Handbuch zur aktuellen Sicherheitslage, Stuttgart, Deutschland: Richard Boorberg, 2019.

Eisenberg, Ulrich/Ralf Kölbel: Kriminologie, 7. Aufl., Tübingen, Deutschland: Mohr Siebeck, 2017.

Endler, Marius: Die Doppelstellung des Opferzeugen: Zur Vereinbarkeit der Informations-, Offensiv- und Beistandsrechte des Opfers mit dessen Zeugenstellung, Baden-Baden, Deutschland: Nomos, 2019.

Entorf, Horst: Criminal victims, victimized criminals, or both? A deeper look at the victim-offender overlap, in: SSRN Electronic Journal, 2013, doi:https://doi.org/10.2139/ssrn.234 5603, S. 1–18.

Erez, Edna: Who is afraid of the big bad victim: Victim impact statements as victim empowerment and enhancement of justice, in: The Criminal Law Review, 1999, S. 545–556.

Fohring, Stephanie: What's in a word? Victims on 'victim', in: International Review of Victimology, Bd. 24, Nr. 2, 2018, doi:https://doi.org/10.1177/0269758018755154, S. 151–164.

Frommel, Monika: Opferschutz ohne Konzept, in: Johannes Goldenstein (Hrsg.), Mehr Gerechtigkeit: Aufbruch zu einem besseren Strafverfahren, Rehburg-Loccum, Deutschland: Evangelische Akademie Loccum, 2011a, S. 105–116.

Frommel, Monika: Sexueller Missbrauch in Institutionen – Mediale Wirkung und politische Folgen eines Medien-Hypes, in: Neue Kriminalpolitik, Bd. 23, Nr. 2, 2011b, doi:https://doi.org/10.5771/0934-9200-2011-2-45, S. 45–49.

Garland, David: Kultur der Kontrolle. Verbrechensbekämpfung und soziale Ordnung in der Gegenwart, in: Daniela Klimke/Aldo Legnaro (Hrsg.), Kriminologische Grundlagentexte, Wiesbaden, Deutschland: Springer, 2016, S. 354–376.

Geeraets, Vincent/Wouter Veraart: What is wrong with empirical-legal research into victimhood? A critical analysis of the ordered apology and the victim impact statement, in: Oxford Journal of Legal Studies, Bd. 41, Nr. 1, 2020, S. 59–79.

Goodrum, Sarah: After homicide: victims' families in the criminal justice system, Boulder, Vereinigte Staaten: Lynne Rienner, 2019.

Görgen, Thomas: Zum Stand der internationalen viktimologischen Forschung, in: Stephan Barton/Ralf Kölbel (Hrsg.), Ambivalenzen der Opferzuwendung des Strafrechts, Baden-Baden, Deutschland: Nomos, 2012, S. 99–137.

Gräfin von Galen, Margarete: Der Verletzte als Hindernis für Gerechtigkeit, in: Johannes Goldenstein (Hrsg.), Mehr Gerechtigkeit: Aufbruch zu einem besseren Strafverfahren, Rehburg-Loccum, Deutschland: Evangelische Akademie Loccum, 2011, S. 49–68.

Greve, Werner: Opfer von Kriminalität und Gewalt, in: Renate Volbert/Max Steller (Hrsg.), Handbuch der Rechtspsychologie, Göttingen, Deutschland: Hogrefe, 2008, S. 189–197.

Grønvold Bugge, Renate: Norwegen nach dem Terroranschlag vom 22. Juli 2011, in: Trauma Zeitschrift für Psychotraumatologie und ihre Anwendungen, Nr. 4, 2021, S. 58–67.

Günther, Klaus: Ein Modell legitimen Scheiterns. Der Kampf um Anerkennung als Opfer, in: Axel Honneth/Ophelia Lindemann/Stephan Voswinkel (Hrsg.), Strukturwandel der Anerkennung: Paradoxien sozialer Integration in der Gegenwart, Frankfurt am Main, Deutschland: Campus, 2013, S. 185–247.

Haas, Ute Ingrid: Das Kriminalitätsopfer, in: AK HochschullehrerInnen Kriminologie (Hrsg.), Kriminologie und Soziale Arbeit, Weinheim, Deutschland: Beltz, 2014, S. 242–261.

Häcker, Robert/Volker Schwarz/Rolf Bender/Armin Nack/Wolf-Dieter Treuer: Tatsachenfeststellung vor Gericht: Glaubhaftigkeits- und Beweislehre, Vernehmungslehre, 5. Aufl., München, Deutschland: C.H. Beck, 2020.

Hall, Matthew: Victims of crime: Construction, governance and policy, Cham, Schweiz: Palgrave Macmillan, 2017.

Hassemer, Winfried: Aufbruch zu einem besseren Strafverfahren, in: Johannes Goldenstein (Hrsg.), Mehr Gerechtigkeit: Aufbruch zu einem besseren Strafverfahren, Rehburg-Loccum, Deutschland: Evangelische Akademie Loccum, 2011, S. 167–180.

Hassemer, Winfried/Jan Philipp Reemtsma: Verbrechensopfer: Gesetz und Gerechtigkeit, München, Deutschland: C.H. Beck, 2002.

Hauer, T./N. Huschitt/F. Klein/S. Poloczek/P. Albers/D. Cwojdzinski/A. Sommerer/W. Schmidbauer/J. Pratschke: Patientenversorgung bei Terroranschlägen: Erfahrungsbericht vom Breitscheidplatz in Berlin, in: Notfall + Rettungsmedizin, Bd. 21, Nr. 4, 2017, doi:https://doi.org/10.1007/s10049-017-0363-x, S. 267–277.

Hawdon, James/Atte Oksanen/Pekka Räsänen: Media coverage and solidarity after tragedies: The reporting of school shootings in two nations, in: Comparative Sociology, Bd. 11, Nr. 6, 2012, doi:https://doi.org/10.1163/15691330-12341248, S. 845–874.

Helmerichs, Jutta/Kerstin Fröschke/Tobias Hahn: Anliegen Betroffener von Terroranschlägen oder Katastrophen gegenüber behördlichen Ansprechstellen für Nachsorge, Opfer- und Angehörigenhilfe, in: Kriminalistik, Nr. 4, 2020, S. 217–224.

Helmken, Kai Michael: Das Opfer im Strafverfahrensrecht: Zwischen europäischem Mindestschutz und deutschem Gestaltungsspielraum, Berlin, Deutschland: Peter Lang, 2020.

Hobfoll, Stevan E./Patricia Watson/Carl C. Bell/Richard A. Bryant/Melissa J. Brymer/Matthew J. Friedman/Merle Friedman/Berthold P.R. Gersons/Joop T.V.M de Jong/Christopher M. Layne/Shira Maguen/Yuval Neria/Ann E. Norwood/Robert S. Pynoos/Dori Reissman/Josef I. Ruzek/Arieh Y. Shalev/Zahava Solomon/Alan M. Steinberg/Robert J. Ursano: Five essential elements of immediate and mid–term mass trauma intervention: Empirical evidence, in: Psychiatry: Interpersonal and Biological Processes, Bd. 70, Nr. 4, 2007, doi:https://doi.org/10.1521/psyc.2007.70.4.283, S. 283–315.

Hoffmann, Jens: Unsterblichkeit durch das Label des Terrors – Zum Nachahmungseffekt bei radikalisierten Einzeltätern, in: Frank Robertz/Robert Kahr (Hrsg.), Die mediale Inszenierung von Amok und Terrorismus: Zur medienpsychologischen Wirkung des Journalismus bei exzessiver Gewalt, Wiesbaden, Deutschland: Springer, 2016, S. 109–117.

Holder, Robyn/Dean Wilson/Stuart Ross: Exploring victims 'justice judgments, in: Crime, victims and policy: International contexts, local experiences, Basingstoke, Vereinigtes Königreich: Palgrave Macmillan, 2015, S. 184–213.

Jenkins, Brian M.: Will terrorists go nuclear? in: Rand, 1975, https://www.rand.org/content/dam/rand/pubs/papers/2006/P5541.pdf (abgerufen am 20.01.2022).

Jerouschek, Günter: Straftat und Traumatisierung: Überlegungen zu Unrecht, Schuld und Rehabilitierung der Strafe aus viktimologischer Perspektive, in: Juristen Zeitung, Bd. 55, Nr. 4, 2020, S. 185–194.

Kanz, Kristina-Maria: Alles im Interesse der Opfer?! – Eine kritische Bestandsaufnahme rechtlicher Veränderungen, politischer Motivationen und empirischer Erkenntnisse der letzten 30 Jahre, in: Monatsschrift für Kriminologie und Strafrechtsreform / Journal of Criminology an Penal Reform, Bd. 100, Nr. 4, 2017, doi:https://doi.org/10.1515/mkr-2017-1000402, S. 227–249.

Kilchling, Michael: Opferschutz innerhalb und außerhalb des Strafrechts: Wissenschaftliche Studie zur Übertragung opferschützender Normen aus dem Strafverfahrensrecht in anderer Verfahrensordnungen, Kriminologische Forschungsberichte, Bd. 179, Berlin, Deutschland: Duncker & Humblot, 2018.

Kilchling, Michael: Veränderte Perspektiven auf die Rolle des Opfers im gesellschaftlichen, sozialwissenschaftlichen und rechtspolitischen Diskurs, in: Jutta Hartmann/Arbeitskreis der Opferhilfen (Hrsg.), Perspektiven professioneller Opferhilfe: Theorie und Praxis eines interdisziplinären Handlungsfelds, Wiesbaden, Deutschland: Springer VS, 2010, S. 39–50.

Kölbel, Ralf/Lena Bork: Sekundäre Viktimisierung als Legitimationsformel, Berlin, Deutschland: Duncker & Humblot, 2012.

Kröger, Christoph: Psychologische Erste Hilfe, Göttingen, Deutschland: Hogrefe, 2021.

Kunz, Karl-Ludwig/Tobias Singelnstein: Kriminologie: Eine Grundlegung, 7. Aufl., Bern, Schweiz: Haupt, 2016.

Kury, Helmut: Entwicklungslinien und zentrale Befunde der Viktimologie, in: Jutta Hartmann/Arbeitskreis der Opferhilfen (Hrsg.), Perspektiven professioneller Opferhilfe:

Theorie und Praxis eines interdisziplinären Handlungsfelds, Wiesbaden, Deutschland: Springer VS, 2010, S. 51–72.

Laxminarayan, Malini: Enhancing trust in the legal system through victims'rights mechanisms, in: International Review of Victimology, Bd. 21, Nr. 3, 2015, doi:https://doi.org/10.1177/0269758015591721, S. 273–286.

Laxminarayan, Malini: Interactional justice, coping and the legal system: Needs of vulnerable victims, in: International Review of Victimology, Bd. 19, Nr. 2, 2013, doi:https://doi.org/10.1177/0269758012472767, S. 145–158.

Laxminarayan, Malini/Antony Pemberton: The interaction of criminal procedure and outcome, in: International Journal of Law and Psychiatry, Bd. 37, Nr. 6, 2014, doi:https://doi.org/10.1016/j.ijlp.2014.02.030, S. 564–571.

Lens, Kim M. E./Antony Pemberton/Karen Brans/Johan Braeken/Stefan Bogaerts/Esmah Lahlah: Delivering a victim impact statement: Emotionally effective or counterproductive? in: European Journal of Criminology, Bd. 12, Nr. 1, 2014, doi:https://doi.org/10.1177/1477370814538778, S. 17–34.

Leuschner, Vincenz/Friederike Sommer/Olaf Neumann: Psychosoziale Bedürfnisse Betroffener von Terroranschlägen und adäquate Unterstützungsangebote aus kriminologisch-viktimologischer und psychologischer Perspektive, in: Christian Grafl/Monika Stempkowski/Katharina Beclin/Isabel Haider (Hrsg.), „Sag, wie hast du's mit der Kriminologie?": Die Kriminologie im Gespräch mit ihren Nachbardisziplinen, Mönchengladbach, Deutschland: Forum, 2020, S. 229–244.

Leventhal, Gerald S.: What should be done with equity theory? New approaches to the study of fairness in social relationships, in: Kenneth Gergen/M.S. Greenberg/R. H. Willis (Hrsg.), Social exchange: Advances in theory and research, New York, Vereinigte Staaten: Springer, 1980, S. 27–55.

Lichtenstein, Dennis: „Medien sind die ersten Adressaten von Terrorereignissen", in: Universität Klagenfurt, 20.11.2020, https://www.oeaw.ac.at/detail/news/medien-sind-die-ersten-adressaten-von-terrorereignissen-1 (abgerufen am 26.01.2022).

Lind, E. Allan: Procedural justice and culture: Evidence for ubiquitous process concerns, in: Zeitschrift für Rechtssoziologie, Bd. 15, Nr. 1, 1994, doi:https://doi.org/10.1515/zfrs-1994-0103, S. 24–36.

Lind, E. Allen/Tom R. Tyler: The social psychology of procedural justice, New York, Vereinigte Staaten: Plenum Press, 1988.

Maercker, Andreas: Traumafolgestörungen, 5. Aufl., Wiesbaden, Deutschland: Springer, 2019.

Maercker, Andreas/Astrid Mehr: What if victims read a newspaper report about their victimization? in: European Psychologist, Bd. 11, Nr. 2, 2006, doi:https://doi.org/10.1027/1016 9040.11.2.137, S. 137–142.

McGarry, Ross/Sandra Walklate: Victims: Trauma, testimony and justice, Abingdon, Vereinigtes Königreich: Routledge, 2015.

Neubacher, Frank: Kriminologie, 4. Aufl., Baden-Baden, Deutschland: Nomos, 2020.

O'Leary, Nicola: A victim community: Stigma and the media legacy of high-profile crime, Cham, Schweiz: Palgrave Macmillan, 2021.

Pemberton, Antony: Needs of victims of terrorism, in: Antony Pemberton/Ines Staiger/Rianne Letschert (Hrsg.), Assisting victims of terrorism: Towards a European standard of justice, New York, Vereinigte Staaten: Springer, 2010, S. 73–142.

Pemberton, Antony/Inge Vanfraechem: Victims' victimization experiences and their need for justice, in: Inge Vanfraechem/Daniela Bolìvar/Ivo Aertsen (Hrsg.), Victims and restorative justice, Abingdon, Vereinigtes Königreich: Routledge, 2015, S. 15–47.

Pfahl-Traughber, Armin: Rechtsextremismus in Deutschland: Eine kritische Bestandsaufnahme, Wiesbaden, Deutschland: Springer VS, 2019.

Porcar Becker, Ingeborg/Delfi Cosalls Pueyo: Die psychosoziale Notfallversorgung nach dem Terroranschlag 2017 in Barcelona (Spanien), in: Trauma Zeitschrift für Psychotraumatologie und ihre Anwendungen, Nr. 2, 2018, S. 84–92.

Pozza, Andrea/Letizia Bossini/Fabio Ferretti/Miriam Olivola/Laura del Matto/Serena Desantis/Andrea Fagiolini/Anna Coluccia: The effects of terrorist attacks on symptom clusters of PTSD: A comparison with victims of other traumatic events, in: Psychiatric Quarterly, Bd. 90, Nr. 3, 2019, doi:https://doi.org/10.1007/s11126-019-09650-3, S. 587–599.

Preiser, Siegfried: Gerechte-Welt-Glaube, in: Dorsch, 2019, https://dorsch.hogrefe.com/sti chwort/gerechte-welt-glaube (abgerufen am 21.12.2021).

Pugach, Dana/Anat Peleg/Natti Ronel: Lingual injury, in: International Review of Victimology, Bd. 24, Nr. 1, 2017, doi:https://doi.org/10.1177/0269758017730199, S. 3–23.

RAN Centre of Excellence: RAN Issue Paper: Enhancing the resilience of victims after terrorist attacks, in: RAN Centre of Excellence, 2018, https://ec.europa.eu/home-affairs/ system/files_en?file=2020-02/enhancing_resilience_victims_after_terrorist_attacks_0 32018_en.pdf (abgerufen am 05.12.2021).

Rew, Jalfon/Nichola Emma: Supporting the survivors: Experiences and perceptions of peer support offered to UK terrorist survivors, in: International Review of Victimology, Nr. 27, 2021, doi:https://doi.org/10.1177/0269758020964364, S. 63–79.

Sautner, Lyane: Opferinteressen und Strafrechtstheorien: Zugleich ein Beitrag zum restorativen Umgang mit Straftaten, Innsbruck, Österreich: Studienverlag, 2010.

Sautner, Lyane: Viktimologie: Die Lehre von Verbrechensopfern, Wien, Österreich: Verlag Österreich, 2014.

Schildkraut, Jaclyn/Evelyn S. Sokolowski/John Nicoletti: The survivor network: The role of shared experiences in mass shootings recovery, in: Victims & Offenders, Bd. 16, Nr. 1, 2020, doi:https://doi.org/10.1080/15564886.2020.1764426, S. 20–49.

Schildkraut, Jaclyn/H. Jaymi Elsass/Kimberly Meredith: Mass shootings and the media: why all events are not created equal, in: Journal of Crime and Justice, Bd. 41, Nr. 3, 2017, doi:https://doi.org/10.1080/0735648x.2017.1284689, S. 223–243.

Schmidt, Sandra/Christian Matzdorf: Der Erste Angriff als erfolgskritischer Faktor für den Ermittlungserfolg bei Anschlägen, in: Kriminalistik, Nr. 11, 2021, S. 587–590.

Schöch, Heinz: Wieviel Verletztenrechte verträgt das Strafverfahren?, in: Marc Engelhart/Hans Kudlich/Benjamin Vogel (Hrsg.), Digitalisierung, Globalisierung und Risikoprävention. Festschrift für Ulrich Sieber zum 70. Geburtstag. Teilband I., Berlin, Deutschland: Duncker & Humblot, 2021, S. 592–607.

Schwenn, Johann: Die Nebenklage aus der Sicht eines Verteidigers, in: Stephan Barton (Hrsg.), Verfahrensgerechtigkeit und Zeugenbeweis: Fairness für Opfer und Beschuldigte, Baden-Baden, Deutschland: Nomos, 2002, S. 107–115.

Schwind, Hans-Dieter: Kriminologie und Kriminalpolitik: Eine praxisorientierte Einführung mit Beispielen, 23. Aufl., Heidelberg, Deutschland: Kriminalistik, 2016.

Seligman, Martin/Franz Petermann/Brigitte Rockstroh: Erlernte Hilflosigkeit: Anhang: »Neue Konzepte und Anwendungen« von Franz Petermann, 5. Aufl., Weinheim, Deutschland: Beltz, 2016.

Steller, Max: Nichts als die Wahrheit? Warum jeder unschuldig verurteilt werden kann, München, Deutschland: Heyne, 2015.

Stretesky, Paul B./Tara O'Connor Shelley/Michael J. Hogan/N. Prabha Unnithan: Sensemaking and secondary victimization among unsolved homicide co-victims, in: Journal of Criminal Justice, Bd. 38, Nr. 5, 2010, doi:https://doi.org/10.1016/j.jcrimjus.2010.06.003, S. 880–888.

Strobl, Rainer: Constructing the victim: Theoretical reflections and empirical examples, in: International Review of Victimology, Bd. 11, Nr. 2–3, 2004, S. 295–311.

Thibaut, John/Laurens Walker: Procedural justice: A psychological analysis, Hillsdale, Vereinigte Staaten: Lawrence Erlbaum, 1975.

Thommen, Marc: Gerechtigkeit und Wahrheit im modernen Strafprozess, in: recht, Nr. 6, 2014, S. 264–276.

Treibel, Angelika: Opferforschung, in: Dieter Herrmann/Andreas Pöge (Hrsg.), Kriminalsoziologie, Baden-Baden, Deutschland: Nomos, 2018, S. 441–457.

Treibel, Angelika/Markus Dewald/Frank Wagner/Günter H. Seidler: Differentielle Bedürfnislagen von Opfern potenziell traumatisierender Ereignisse: Ein Beitrag zur Frage der psychosozialen Versorgung im Falle einer Großschadenslage mit terroristischem Hintergrund in Deutschland, in: Trauma & Gewalt, Bd. 1, 2013, S. 31–39.

Van Wijk, Joris: Who is the 'little old lady' of international crimes? Nils Christie's concept of the ideal victim reinterpreted, in: International Review of Victimology, Bd. 19, Nr. 2, 2013, doi:https://doi.org/10.1177/0143034312472770, S. 159–179.

Volbert, Renate: Geschädigte im Strafverfahren: Positive Effekte oder sekundäre Viktimisierung? in: Stephan Barton/Ralf Kölbel (Hrsg.), Ambivalenzen der Opferzuwendung des Strafrechts, Baden-Baden, Deutschland: Nomos, 2012, S. 197–212.

Volk, Klaus/Armin Engländer: Grundkurs StPO, 10. Aufl., Wiesbaden, Deutschland: C.H. Beck, 2021.

Weber, Thomas: Trauma, Köln, Deutschland: edigo, 2019.

Weber, Thomas/Michaela Kirmes: Kurz- und mittelfristige psychosoziale Nachsorge nach Amoklagen und Terroranschlägen – Strukturelle Interdisziplinäre Nachsorge (SIN), in: Trauma Zeitschrift für Psychotraumatologie und ihre Anwendungen, Nr. 2, 2016, S. 40–50.

Whalley, Matthew G./Chris R. Brewin: Mental health following terrorist attacks, in: British Journal of Psychiatry, Bd. 190, Nr. 2, 2007, doi:https://doi.org/10.1192/bjp.bp.106.026427, S. 94–96.

Wollmann, Susanne: Mehr Opferschutz ohne Abbau liberaler Strukturen im Verständnis der Prinzipien der Strafprozessordnung: dargestellt am Beispiel des verbesserten Zeugenschutzes in § 255a Abs. 2 StPO, Baden-Baden, Deutschland: Nomos, 2009.

Wucherer, Jana: Beeinflusst der Schlussvortrag eines Nebenklägers die richterliche Strafzumessung? Eine empirische Untersuchung der Auswirkung einer Nebenklägerbeteiligung auf die Strafzumessung, in: NStZ, 2021, S. 462–466.

Zehr, Howard: Little book of restorative justice: A bestselling book by one of the founders of the movement, Pennsylvania, Vereinigte Staaten: Good Books, 2002.

Zurek, Gisela/Claudia Schedlich/Robert Bering: Das Europäische Projekt Survivors für Betroffene nach Terroranschlägen – „To turn the Victory of our Grief into Peace", in: Trauma Zeitschrift für Psychotraumatologie und ihre Anwendungen, Nr. 2, 2016, S. 72–82.

The manufacturer's authorised representative in the EU is Springer
Nature Customer Service Centre GmbH, Europaplatz 3, 69115 Heidelberg,
Germany. If you have any concerns regarding our products, please
contact ProductSafety@springernature.com

Printed and bound by CPI Group (UK) Ltd, Croydon, CR0 4YY
24/04/2026
02096345-0007